31

Traditional Chinese Learning | 国学茶座

图书在版编目（CIP）数据

国学茶座. 总第31辑 / 杜泽逊主编. --济南: 山东人民出版社, 2022.3
ISBN 978-7-209-13360-9

Ⅰ.①国… Ⅱ.①杜… Ⅲ.①国学—丛刊 Ⅳ.①Z126-55

中国版本图书馆CIP数据核字(2021)第130901号

出 版 人　胡长青
项目统筹　王海涛
责任编辑　战海霞

山东出版传媒股份有限公司
山东人民出版社出版发行
网址：http://www.sd-book.com.cn
社址：济南市市中区舜耕路517号　邮编：250003
编辑室电话：0531-82098902　总编室电话：0531-82098914

山东省东营市新华印刷厂印装
16开本（169毫米×232毫米）11印张　160千字
2022年3月第1版　2022年3月第1次印刷
定价：25.00元
（如有印装质量问题，请与出版社总编室联系调换）

卷首语

谈谈“大学精神”

——在“西方理论与中国人文学术话语建构”研讨会上的致辞

杜泽逊

尊敬的曾（繁仁）老师，各位专家，各位同学：

上午好！欢迎各位莅临山东大学文艺美学研究中心主办的“西方理论与中国人文学术话语建构”研讨会。我代表山东大学文学院向大会表示热烈祝贺！祝大会取得丰硕的学术成果。

“话语建构”，是近年讨论较多的话题。中国特色的哲学社会科学体系建设，这其中包含话语建构，这个问题比较大，需要逐步研究。我在这里谈谈对中国当代的大学精神的思考。

我认为，中国大学精神应是科学精神、法制精神和仁爱精神的完美结合。

所谓“科学精神”，就是实事求是，因地制宜，用最合理的方式探索创新的精神。我们中国古代的墨家是科学精神的代表。所谓“法制精神”，就是根据社会需要立法，根据人类对未来的设计立法，并依法治国、依法办事的精神。我们中国古代的商鞅、韩非等法家是法制精神的代表。所谓“仁爱精神”，就是人类互相友爱、互相关怀、互谅互让的精神。我们中国古代的孔子、孟子等儒家是仁爱精神的代表。科学精神、法制精神、仁爱精神，都是宝贵的精神财富，都具有极为重要的公认的当代价值，但又都存在无法克服的不完美之处，三种精神的完美结合，是我们中国当代大学精神的理想境界。科学精神是人类进步的引领性精神，法制精神是人类社会公平合理、稳定前进的基本保障，而仁爱精神可以将科学创造与依法行事置于道德伦理的温暖和谐的环境中。生命、财产、荣誉，是我的，理应受到尊重和保护。财产是祖祖辈辈奋斗所得，荣誉是为社会作出贡献换来的，是种种开拓创新行为的成果，理应由法律保护之。但为了理想，为了爱，生命可以牺牲，财产可以捐献，荣誉可以分享甚至抛弃。科学创新的目的到底是什么呢？不可否认，部分是为了大学和学科排名，为了个人评选院士或国家人才，而法制精神则更多的是为了维护大学、学科和个人争取地位过程中的合理秩序。虽然不能说这是科学精神、法制精神的堕落，但可以说这不是科学精神和法制精神的本质。要使科学精神和法制精神走到正确的轨道上来，儒家的仁爱精神是必不可少甚至最合适的搭档。墨家的科学精神、法家的法制精神、儒家的仁爱精神，三妙融合，相互补充，彼此搭配，变幻无穷，斯为神妙，中国大学精神尽在其中了。

欢迎各位专家对我的粗浅的思考予以批评。谢谢！

2021年6月23日起草，26日上午发言

（作者单位：山东大学文学院）

目录

国学茶座　总第三十一辑

[子]

[集]

名家介绍

恒之读诗记（十三）

向　辉

采　蘩

于以采蘩，于沼于沚。于以用之，公侯之事。
于以采蘩，于涧之中。于以用之，公侯之宫。
被之僮僮，夙夜在公。被之祁祁，薄言还归。

【毛诗序】《采蘩》，夫人不失职也。夫人可以奉祭祀，则不失职矣。【郑玄笺】奉祭祀者，采蘩之事也；不失职者，夙夜在公也。（《毛诗正义》卷一）

【朱子集传】南国被文王之化，诸侯夫人能尽诚敬以奉祭祀，而其家人叙其事，以美之也。或曰：蘩所以生蚕，盖古者后夫人有亲蚕之礼。此诗亦犹《周南》之有《葛覃》也。〇《祭义》曰："及祭之后，陶陶遂遂，如将复入然。"不欲遽去，爱敬之无已也。或曰：公，即所谓公桑也。（《诗集传》卷一）

一

《采蘩》是《毛诗》第十三篇，也是《召南》的第二篇。《诗经》的每一篇都有若干有趣的故事，这是读诗的乐趣所在。但我们要如何读它呢？又当如何理解和解释它呢？

《诗经》的语言，历久弥新。解字以说文，是一不断翻新传承的释经学样式。虽然《诗经》的每一篇都是短章，从几十字到上百字，我们的释经者却不可能逐一分析，只能有选择地加以解释，而且大多是在确定了诗义之后再决定某个字某个词是什么意思。如此一来，所谓的解字以说文，其实还是说文解字，也就是刘勰所谓的“章句”之道：“章者，明也；句者，局也。”(《文心雕龙·章句》)分析诗篇，无非是要“联字以分疆”罢了。后来，这样的做法得到了普遍的认同，特别是清代学人，他们想到了更为科学的办法，即用《说文解字》作权威，将其应用到所有的经典阐释中。下面，我们就先看看清代人的解读。

清代释经学人才济济，清代诗经著述汗牛充栋。陈子展认为，清人胡承珙(1776—1832)的《毛诗后笺》最靠谱，最精要。这位胡先生总结了从《春秋左传》《大小戴记》《诗毛氏传》至清代著名汉学家的各种说法，驳斥并改正了宋儒朱熹的说法。我们看到，胡承珙《毛诗后笺》在解释《采蘩》篇时用了四段四五页纸(整理本)的篇幅来谈他对《采蘩》篇的意见，陈先生精挑细选，选了其中两段，即第一段和第三段最后一句话，截取其精华，萃而成新章。我们看到，胡承珙采取的是老式的章句办法来阐释《毛诗》，先解释毛诗序，再分章解读，抽丝剥茧，旁征博引。他所引用的前人成果包括但不限于朱子《诗集传》和清代的诗经学家顾镇《虞东学诗》、陈启源《毛诗稽古编》和戴震《诗经补注》，同时参考《春秋左传正义》《说文解字》《尔雅》《本草》《图经》《庄子》《礼记》《周礼》《尔雅翼》等。一番文献考察之后，胡承珙确定地认为“蘩”是植物，并且有好几种，一种是水生的，一种是陆生的；水生的用作祭祀(《采蘩》篇)，陆生的用作养蚕(《七月》篇)。

考证前人关于“蘩”的解释，可知“其大旨则皆以蘩为物薄，而用可重之意。然则公侯之事尚得谓之非祭事乎？”(《毛诗后笺》)“《集传》既从毛以《采蘩》为奉祭祀，而又存生蚕之说。不知蚕事岂可谓公侯之事？蚕室岂得为公侯之宫？试诵经文，而其说可以不烦言而破矣。”陈先生认为“这一结论是可信的”(《诗经直解》)。如此看来，胡氏说得很有道理，陈先生觉得很可信，但释经学家似乎也有不同意者。

胡氏之前有姚际恒(1647—1715?)持不同意见。他在《诗经通论》中说，《采蘩》篇毛公和朱子都认同是祭祀诗篇。但朱子在他的书中提及一种奇特的解读，即有人说采集的是桑叶之类的东西，“或曰：蘩所以生蚕，盖古者后夫人有亲蚕之礼”，朱子提醒我们这种说法似乎也可以成立。

姚际恒认为，朱子文中的“或曰”者应当是陆农师，也就是陆佃（1042—1102）。陆佃是陆游的祖父，据说写过很多东西，成书的有二百四十二卷，其中有一部字书，叫作《埤雅》。陆佃在北宋时曾参与修订《说文解字》，又参与《尔雅》的注释工作。在这两项工作开展的同时，他也写书，内容与文字学相关，初题《物生门类》；后来写得多了，改名为《埤雅》，也就是《尔雅》补订版或者《尔雅》增修版的意思。陆氏要写一部北宋人的《尔雅》新书。对此书，四库馆臣的评语是：“其说诸物，大抵略于形状而详于名义。寻究偏旁，比附形声，务求其得名之所以然。而漫衍纵横，旁推其理以申之，多引王安石《字说》。”陆佃和他的后人陆游一样，都是看书特别多，同时又特别能写的人。关于“蘩”字，陆佃在《埤雅》中说：

> 蘩。蒿青而高，蘩白而繁。《尔雅》曰“蘩，皤蒿”，白蒿也。叶粗于青蒿，从初生至枯，白于众蒿，欲似细艾者所在有之，故曰皤蒿也。今俗谓之蓬蒿。可以为菹，《笺》云“豆荐蘩菹”是也。一曰由胡，《广雅》曰：“由胡，白蒿也。”北海谓之旁勃。《夏小正》曰：“蘩，由胡。由胡，旁勃也。”《诗》曰：“于以采蘩，于沼于沚。”蘩，所以祭也。于沼，于水之外也；于沚，于水之内也。荇，采之左右；蘩，采之内外；蘋藻，采之上下。则其位弥下者，其事亦弥繁故也。《传》曰：“夫人执蘩菜以助祭，神飨德与信，不求备焉。王后则荇菜也。”《国语》曰：“王后亲织玄紞，公侯之夫人加以纮、綖，卿之内子为大带，命妇成祭服，列士之妻加之以朝服。自庶士以下，皆衣其夫。”与此同意。《七月》之诗曰：“春日迟迟，采蘩祁祁。”《传》曰“采蘩，所以生蚕也”。盖农功有早晚，蚕事有先后，故言求桑于前，以著蚕之早者；采蘩于后，以著蚕之晚者。今覆蚕种尚用蒿云。《仙经》曰：“白蒿，白兔食之仙。”《尔雅》曰：“蘩，菟蒵。”岂谓是欤？《采蘩》先言于沼于沚，后言于涧之中，言夫人于事，有进而无退。《采蘋》言涧在前，《采蘩》言涧在后，夫人嫌于事不勤，大夫妻嫌于德不劭也。（《埤雅》卷十五）

陆佃是博学的读书家。他用了将近五百字来说“蘩”，先后引用《尔雅》《广雅》《夏小正》《国语》《仙经》以及《毛诗传笺》，说明了蘩有皤蒿、白蒿、蓬蒿、由胡、旁勃等不同名称；“蘩”与“蒿”有着密切关系，都与农事有关，也与祭神有关。在古代，“蘩”“蒿”可能都与神仙有关，传说兔子吃了一种白蒿就能成仙，当时的人民会不会据此认为“蘩”是一种具有特别神奇作用的植物，便用在祭神的活动中呢？陆佃说，应该不是，因为从诗篇提到的各种植物来看，或许诗人讲的是一种礼制秩序，这是一种等级化的社会制度，什么样的人做什么样的事情，什么地位的人穿什么衣服等，都是有规矩的。

对此，姚际恒没有发表看法，他觉得说清楚朱子《诗集传》中“或曰”出自陆佃就可以了，只需要明白陆佃认为蘩是用在“亲蚕之礼”上就行。朱子当年是不是看过陆佃解读《诗经》的著作，是不是看过陆氏的这部博物学书，还是他曾经听某人说起过类似的观点，其实并不清楚。正如四库馆臣所说的，陆佃《埤雅》中大量引用了王安石的《字说》，朱子说《采蘩》篇是不是从王安石的书中而来，也不是很明确的。因此，姚际恒这样信誓旦旦地认为陆佃首创《采蘩》是“亲蚕之礼”的诗篇，认为朱子没有提具体某某人不对之类的，似乎并不严谨。然而，这对姚际恒而言并不重要，他根本不在乎这些。他要解决的是另外一个问题：“被之僮僮”和“被之祁祁”的“被”是个什么被？姚际恒跟陆佃一样，也用了好几百字来说“被”字：

> “被”字从衣。《仪礼·少牢》：“主妇被锡衣，侈袂。”锡衣，礼衣。此云“被”者，必当时以被礼衣，即呼礼衣为“被”也。《毛传》以“被”为首饰，未有所据。郑氏注《仪礼》误以“被锡”为句，“衣侈袂”为句，而以“被锡”为“髲髢”（髢，鬄同），附会《周礼》追师之“次”，甚为谬妄。此又以“髲髢”附会于《诗》之“被”字，据其谓“古者或剔贱者刑者之发，以被妇人之紒为饰，因名髲髢”，则“髲髢”二字本相连，安得以《诗》之“被”为“髲”，且惟用一“髲”字乎？《左传》“以为吕姜髢”，是书传惟见“髢”字，亦未见“髲”字也。况以“被”为“髲”乎。（或据《周礼》郑注髲髢为次，次非祭服，故解此章

为亲蚕。或又据《周礼》郑注，次亦非后妃亲蚕服，或是三夫人、世妇之服。《周礼》，伪书，不足据，郑注尤不足据，并及之。)“僮僮”，未详。“祁祁”，众多貌，与“祁祁如云”义同。(《诗经通论》卷二)

显然，姚际恒读书不如陆佃多，学问上也不如陆佃那么具有博物学精神。陆佃书中没有去批评前人注解，而是为我们提供了博物学的知识，让我们知道宋代人所知道的与“蘩”这种植物相关的信息。姚际恒具有的是一种革命批判精神。他认为前代说的都不对，要么是附会瞎说，要么是谬妄胡说，根本就不足为据。他觉得，既然“被”字的偏旁是“衣”，那就一定和衣服有关，是参与亲蚕礼的那些人穿某种礼服。至于是什么礼服，他说搞不清楚“被之僮僮”后面两个字的意思，不知道是什么样子的衣服。这些都不重要，重要的是，知道前人说的都不对，这就足够了。

二

这样的说文解字以释经，在清代释经学著述中很常见。比如，推崇姚际恒的方玉润(1811—1883)在《诗经原始》一书中对此作了进一步的阐释。方曰，朱子怀疑旧解有问题，却不敢下结论，“盖泥‘采’‘公’‘宫’等字，以为祭祀用耳。殊知蘩乃生蚕之物”。陆佃已经有了结论，所以采蘩就是为了养蚕，没有什么疑义。而且诗篇中“曰事者，蚕事也。曰宫者，蚕室也。……曰被者，首饰也。曰僮僮者，仆妇众多也。曰祁祁者，妇归如云也。盖蚕事方兴之始，三宫夫人、世妇皆入于室，其仆妇众多，蚕妇尤盛，僮僮然朝夕往来以供蚕事，不辨其人，但见首饰之招摇往还而已。蚕事既卒，而后三宫夫人、世妇又皆各言还归，其仆妇众多，蚕妇亦盛，祁祁然舒荣缓步，徐徐而归，亦不辨其人，但见首饰之簇拥如云而已。此蚕事始终景象如是，读者可无疑义已。召地去周未远，故风尚略同。周有《葛覃》，召亦有《采蘩》，均之蚕桑为本，女工是重。创业如此，流泽可知。呜呼，此周之所以王且久也。后世有天下国家责者，其尚能以此为法乎哉。”(《诗经原始》卷二)总而言之，《采蘩》篇不是祭祀诗篇，而是讲养蚕故事的诗。

方玉润充分发挥了他的想象力，认为《采蘩》所描写的就是高级干部家属带着一个手下人去干活的场景，也就是养蚕这项重大活动。有些人做苦工，而高级干部家属当监工。这活当然不是一天就完了的，需要好多天，每次出行，围观群众能远远地看到一大群穿着制服的人出来进去，但不知道她们是谁。我们或许还可以追随方玉润老先生的想象力，再往前走一走。

除了说“蘩”论“被”之外，我们还可以说“事”。方玉润说，事就是蚕事，这明显不是解字说文的办法。白川静（1910—2006）以为从诗篇时代来说，《二南》诗篇保留了很多氏族领主时期的祭祀共同体的宗庙祭典内容，也就是所谓的祀神文学。什么是祀神文学呢？《采蘩》《采蘋》《羔羊》等《二南》诗篇皆是。白川静认为，解读《采蘩》篇，抓住其中“公侯之事”就能把整篇顺利地解读完成。他认为，“公侯之事”的“事”字就是祭祀使者的“使”字。“使”“史”和“事”，都和祭祀有关。其中，“使”是形声字，“事”和“史”都是会意字。“史”，是“中”和“又”的组合。“中”字要么是旗杆，旗子是风幡；要么是绑着口型器（𠙵）的木杆，容器里面放着祷辞。“又”是右手的形状。“史”就是右手高举着绑着口型器的杆子来做仪式。它最开始是一种祭祀先王的仪式，属于内祭的祀典，殷商的那些人用这一仪式来祭拜祖先之灵。整个仪式称为“史”，从事祭祀的人以及祭祀的记录也被称为“史”。外祭祀典中，也就是祭祀山川河流之灵，也有人做同样的事情，这人被称为“使”，后来变成了使者、奉侍者。“使”字也有任用、役使的意思。木头杆子加上风幡，在高山大河举行的国家祭祀就是“事”，可以称为“大事”“王事”“载王事”。甲骨文中的“载王事”是服从殷王支配的意思，所以，“事”字除了祭典政事之类的意义外，还有服事和从事的意思。（《常用字解》）

白川静认为，诗篇起源和神灵有关，是人民令神明显灵，向神祇祈灵的语言。语言是沟通天人的媒介，诗篇当然也是如此。为了更好地和祖先和自然神灵沟通，就需要有特定的仪式，前者是内祭，后者是外祭。《采蘩》是讲述进行外祭仪式的诗篇。外祭的使者是戴着美丽发饰的妇女，她们忙着祭祀活动，成天没日没夜地忙碌。因为活动可能要通宵举行，她们到天色将明才能回家休息。（《诗经的世界》）那时候举办仪式，几乎是男男女女都会参加的，男性参加活动的诗篇就是《羔羊》。

显然，解字说文的办法可以对诗篇进行很好的阐释，能够得到我们想要的故事。但是，读诗不止于此。

如果我们不以做研究为唯一的目标，那么读《诗经》就会进入另外一个自由的境地。这种自由，事实上是富有诗意的，也是值得的。李长之说："《诗经》是一部光芒万丈，永远常新的书。"又说："没有生活，哪里有诗。"（《中国文学史略稿》）也就是说，要根据我们的生活来读诗，让古老的故事在新的生活中呈现出它的意义来。毕竟，绝大多数人不是以历史的眼光去看待诗篇的，也不需要为了历史的证明而活着。

可是，我们不得不承认生活是一种时代性和境域化的东西，也就是说，生活是我们在当下的时代所过的日子。古人有古人的生活，所以汉代人在解释《采蘩》的时候，没有太多的异词，因为那就是他们生活中能见到或者至少知道的事情，再要谈天说地的话，就不太妙了；今人有今人的世界，我们所处的时代有很多东西是古人理解不了的，同样他们的生活故事未必就能被我们所理解，更谈不上什么去明了真正的诗义。《采蘩》即是如此，它所讲的故事对今天的我们来说十分陌生，更谈不上什么理解，因为这种生活样式如今已经消失殆尽。只有诗篇中的"夙夜在公"四个字一直流传下来，成为我们对那些一心扑在工作上的人的最高评价。这就是《孟子》中所说的"取其二三策"，也就是截取出其中一两句话来讲故事的意思。

我们知道，进入20世纪之后，释经学经历了科学化、去经典化的阶段。有人甚至认为，五四以前传统的中国文化是一种基源于古典轴心时代的儒学传统，五四以后则开始了现代化的新轴心革命，革命不仅仅存在于社会经济形态方面，更重要的是思想意识层面。（高力克：《五四的思想世界》）胡适、傅斯年等人当年提倡科学地研究《诗经》有若干路径，这样做能够把《诗经》作为研究的材料，写出无数漂亮的论文来，甚至能够在这个过程中扫除不少胡说谬谈。科学的释经学家们大概都是比较推崇姚际恒这类学者的。因为他们充满了革命的精神。虽然他们并没有为我们提供某种可靠的知识，但是他们让我们不再相信前代的论述，引导我们去创造各种新奇的说法。

"咏歌明得失之迹，雅颂表兴废之由。"（长孙无忌：《五经正义表》）基本上，绝大多数人所讲述的故事都是在陈古讽今。无他，讽刺古人意义不大。不过，现代学者们往往不认为这种政治哲学的释经学是有趣的，比如白川静就说："《国风》的诗，在古典解释学的观点上，全都是与各国的政治性问题结合来说明，几乎没有任何根据。"（《中国古代文学：从神话到楚辞》）如果不是政治哲学，又是什么呢？如果不是生活，又会是什么呢？

毛公、郑玄那个时代，祭祀是很重要的生活事件，因此，他们理解《采蘩》就从祭祀的故事来说。到了后世，祭祀在继续，他们可以接着讲述这样的故事。唐代的孔颖达说，公侯的夫人们去哪里采蘩呢？到沼池、沚渚边采集；采集这些东西有什么用呢？做祭祀用的菹（zū）。"菹醢（hǎi）"，就是今天所说的肉末，据说也是酷刑的一种。菹醢也是祭祀时使用的东西。沼沚涧中去采蘩，大概也是用来做类似供品的。蘩的是草，繁的是事。不管是周康王时代，还是几千年后的信息时代，不繁琐不足以成事。

那么，《采蘩》所说的祭祀，与我们今天的生活还有何种现实的关联呢？祭祀，在古代生活中有其关键性的意义，祭祀的礼仪也是极为繁复的，需要很长时间的准备，前期准备就需要很多人。这就像如今的开大会一样，是定期的聚会，也是团结民众、教育人民的好方式之一。生活样式发生了彻底的改变，但繁复的事情并不会消失，换了个样子而已。

很多人不明白为什么现在要开那么多大会，其实道理跟古代人搞祭祀仪式差不太多，都有很多讲究。如果我们能理解开大会的形式和意义，那么就能理解古人搞祭祀的形式和意义。这样，公侯夫人们所做的采蘩之类的事情也就能为我们所理解了，也就是为了开大会做的一些准备工作，比如采购供品之类的。这些事情，公侯大人们不可能去做，也不需要他们亲自做，自然会有其他人干的。

到了朱子那个唐宋变革时代，祭祀还有，但似乎并不是那么迫切了，国家当然还有祭祀典礼，还在继续开会，可是公侯们似乎没太有这个需要了，至少在形式上不太需要了。所以，朱子说有人认为公侯夫人采蘩是用来养蚕的，因为有一个亲蚕的礼节。这个我们有些理解不了，岂止是我们理解不了，在清代人那里就不太能理解了。

姚际恒说，《周南》《召南》没有必要说是女一号的故事。这个我们能理解，女一号现在主要在电视剧、电影中扮演着重要的角色，大概在宋代以后很长的一段时间里，女性的角色退隐到生活的某些角落之中，某些成了《红楼梦》中贾母似的人物，但更多的则是林黛玉之类的角色，或者是金庸小说中的王语嫣之类的形象。像开个大会，讲个话什么的，就没有她们什么事了。姚际恒差不多也是这样想的。他还说了一堆科学地考察文字的东西，这些对我们来说意义不是很大。我觉得这种科学式的考据用处不大，朱子也觉得用处不大。所以，朱子的《诗集传》在解释字词句的时候都非常简单，基本上是用人们所熟悉的一些生活词汇来解释那些不太常见的词。对特别少见的东西，朱子根本就置之不理。对朱子来说，最重要的是知道，《诗经》的《采蘩》在讲述的是一个个高级干部家属为了开大会这样的大事诚心诚意地操劳。为筹备大会，她们没日没夜地干活，毫无怨言，因为知道这是一次非比寻常的重大活动。

三

理解诗篇，就是把它当作历史的智慧来看。经典记载生活智慧，而释经学则是一门由历代学者不断延续的继承中有创新的生活学问。每一代人都会在选择前人解读的基础上增加新的解释。这看起来是重复，但每一次重复中都有意无意地对前人的解说加以增减。这种增减的重复本身就相当有趣。我们或者在反对前人的观点中提出新的见解，或者在赞同前人的说法中发表新的观点。比如，冯登府（1783—1841）《三家诗遗说》就反对晁说之（1059—1129）《景迂生集》卷十一《诗之序论三》和王符（约85—162）《潜夫论》的说法。王符认为《采蘩》表达了背离宗族的哀怨之情；晁说之则认为《鲁诗》中，《采蘩》和《鹊巢》《采蘋》等都是周康王时代的诗篇。在他看来，诗篇是陈古讽今的，说是周康王时代未必有根据。周康王是周王朝第三代君主，前面分别是周武王、周成王，其后是周昭王和周穆王，周康王的时代太早，他去世的时间是公元前996年。既然是陈古讽今，那么它就是正风，也就是讽此时用的诗篇。

不管是汉代的王符、宋代的晁说之，还是清代的冯登府，在释经学中都没有产生太大的影响，很难被写进“诗经学概论”之类的教科书，即便提及也就几句话交代过去。不过，这并不妨碍释经学家的写作，也不妨碍我们去阅读他们的著作，从中找到有关释经学的新故事。释经学是一门开放的学问，也是一门跨学科的研究。由于当代社会既没有古代那种经学博士学官制度，经学又没有古代那种政治哲学的地位，经书及其解说更没有一种定于一尊的倾向，我们就可以更加自由地选择阅读，可以像冯登府一般，对古今各种观点加以批判地吸收，以便于我们更好地理解经典。

桐城派的领袖人物姚鼐曾说，文章没有古今的差异，只有合适不合适的区别。合适的恰切的东西，从《六经》的文字到如今的文章，都是一样的。如果你想要自己的文章也能达到合适的标准，那么择取一些经典文字来效法是很有必要的。姚鼐认为，文章有精也有粗，有高雅也有低俗，作为学者，先遇其粗，再遇其精，最后才能“御其精者而遗其粗者”，学古的意义在于能学到一些东西。我们知道，桐城派学人在清代有着很高的学术声誉，姚鼐标榜“天下文章，其出于桐城乎”，这自然与桐城人写得一手好文章有密切关系。

桐城学派的影响一直延续到民国时期，彼时还有桐城文章巨子，为学界所重。吴闿生（1879—1950）就是其中之一。伦明《辛亥以来藏书纪事诗》第八十三首专为吴氏作：“珠玉咳成落九天，一生心力付残编。昌黎坠绪谁能继，赖有斯文障百川。”伦明（1875—1944）说：“吴北江闿生，汝纶先生子，早濡家学，守先人遗绪，穷一生精力校刊遗书，复以余力平骘名家之文，摘其微言奥义开导青年。论文主奇恣纵横，转变究极笔势。钱基博推崇备至，谓其辞气喷薄而出，以酝酿深醇，兴象空邈，而能为沉郁顿挫，其势沛然，其容穆然，震荡错综，是真能得父书之血脉者。所著之《尚书大义》《周易大义》《诗义会通》《吉金文录》《孟子文法读本》，所造诗文如《古今诗范》《古文范》，尤便初学。”（《辛亥以来藏书纪事诗》）

吴闿生曾精心校勘其父吴汝纶的著作，得到了藏书家的青睐。中年以后又曾讲学多年，鼓励学生搞古文研究，出版的讲义和专书不少，是比较传统的官僚学者。但张舜徽在《清人文集别录》中提到吴氏《北江先生文集》时说，吴氏“讲学京师十余年，以古文诏后进，世亦推许其文章之事，为足绍父师之传。至于学问功力，固不逮其父师之深醇也”。不管后人如何评论，吴闿生的作品在民国之后尚有他的忠实读者，他的诗经著作《诗义会通》也在20世纪50年代末被点校整理出来。

吴闿生的《诗义会通》是近代桐城学人研读《诗经》的一个范本。其学生曾克耑（1900—1975）极力推荐自己老师的作品。在他看来，《六经》中唯有《诗经》最有趣，因为它的词汇和语言是“葩艳丽则”的，为它作解说也是粲然有光辉的。虽然究竟怎么说、怎么谈，各有不同，但也是各有特色的。如果从传承来说，从孔子以下，保存至今最完整的，唯有西汉释经学大师毛公的师说了。毛公的解说有很多精妙的地方，历代传承，得到了广泛的认同。但是后世的解说者说着说着，就走调了，这就让我们觉得越来越迷糊了。

到底该怎么说才好呢？到底怎么讲才有则呢？至少有三个标准：一是要明白意思，二是要明白道理，三是要尊重师说。凡是讲明了诗篇意思，捋清了道理，坚守了师说的，都是比较好的释经学著作。基于这样的标准看吴闿生的《诗义会通》，就可以知道吴著是这样的作品。不过，吴闿生本人对于毛公有很多的批评，沿袭前人批毛公似乎也是很常见的释经学方法。但，他坚信“夫毛公汉初大师，其持义宏通，往往单言片词，能发诗人微旨，迥非后贤所能及”。当然，毛公的师说也未必就能人人都明白，一则是毛公惜字如金，没有写那么多，读起来就费劲；二则后来的人看到的毛公师说，是不是真本还不好断定，其中掺杂了很多后人的说法也不一定。有了这两点理由，我们就可以重新判断毛公师说了。所以，我们看到吴闿生说：

> 《序》云：“《采蘩》，夫人不失职也。”《毛传》：“公侯夫人执蘩菜以助祭，神飨德与信，不求备焉。”今案：公侯异位，而诗混言之，则此为公侯同用之乐歌，不必实有其人也。盖《鹊巢》《采蘋》皆然，《关雎》《葛覃》亦然。方宗诚（1818—1888）云：“古人文字简洁，止是用见骥一毛之法。”（《诗义会通》卷一）

吴闿生的这个说法是抓住了要害的，在理解《诗经》的时候，我们若是一定要弄出一对一的关系，指明了必定是某个人做的某件事情，可能就不是读诗而是在解剖一个老古董了。

四

读诗，如果能和现实生活有点关联，那就更有意思了，否则花那么多时间读它作甚？吴闿生特别强调在搞释经学的时候，需要有科学精神，因为我们不知道古籍流传过程中都发生过什么事情。他用了这样的比喻：假如有个强盗把谁家的房子占据了，然后在那里安营扎寨，盗贼或许还给自己讲了个好故事，后来的人就不知道了，说不准还以为那些美轮美奂的房子就是盗贼建起来的呢。

不止如此，他们还要把盗贼给供起来，宣扬他们的伟大功绩，谨守他们的家法。这种故事在经典中会不会出现呢？当然也是有的，"吾窃悲夫今之为学者，自命笃守家法，而陷于迷惑而不寤也"（《诗义会通》）。总之，吴闿生虽然是研究古典学，但他认为要用科学的办法来研究，很反感前人解读诗篇时没有根据、没有事实的想象文字，认为宁可什么都不说，也不要胡乱瞎说，瞎说一通，能有什么价值呢？所以，我们看到吴先生的《诗义会通》一书其实是相当简单的，一首诗中选择几个能解释的词说一下，然后加一个按语，也就可以翻篇了。

吴闿生是宗法桐城派家学的学者。他的书中常常引用桐城学人的观点，《采蘩》引用的方宗诚的说法就是其中之一。方宗诚是方东树（1772—1851）的表弟，曾拜方东树为师，后来在曾国藩的幕府中做事，担任过枣强县县令、安徽学政。方宗诚，字存之，号柏堂，他的著作汇为一编，是为《柏堂遗书》，包括《柏堂经说》《柏堂读书笔记》《志学录》《辅仁录》《周子通书讲义》《俟命录》《柏堂集》等若干种。其中读书笔记部分分为《论文章本原》《读文杂记》《说诗章义》《陶诗真诠》《读宋鉴论》《读史杂记》《读诸子诸儒书杂记》等若干种。方宗诚曾花了很大精力看书，基本上涉猎了传统的经史子集四部之学的书，用力最深的可能是《春秋》，写了十二卷的《春秋集义》。至于《诗经》，他有两种专题著作，即《诗传补义》三卷和《说诗章义》三卷。

方宗诚曾与戴钧衡（1814—1855）合编《桐城文录》，选桐城名家八十三人，"标名家以为的，所以正文统也；广取诸家，所以扩学识也，而要之以去浮文资实学为主”（《桐城派文选》）。方宗诚在《说诗章义叙》中说：“昔朱子论学《诗》，大旨曰：章句以纲之，训诂以纪之，讽咏以昌之，涵濡以体之，察之性情隐微之间，审之言行枢机之始。呜呼，学《诗》之道尽于此矣。”我们可以认为，方宗诚所谓的实学，就是要对性情予以深刻体察，要对言行予以细致反思，唯其如此，作出来的文章才是反映性情、有益言行的好文章。

吴闿生并没有用方宗诚《说诗章义》中对《采蘩》的解说：“采蘩，祭祀之前；被之僮僮，正祭之时；被之祁祁，祭祀之后。叙事有层次章法，通体形容一‘敬’字而不明言，含蓄得妙。”（《柏堂读书笔记·说诗章义上》）那么，是不是引用了《诗传补义》呢？似乎也不是。方宗诚书太多，随便找出几句都是够用的。

吴闿生说，不管是“含蓄得妙”，还是“文字简洁”，都抓住了《诗经》文字的主要特点，我们解读诗篇的时候，如果能够说到一点点其中的妙处，同时又让自己的文章看起来干净利索，那么就不枉学诗了。

吴闿生的这种释经学，历经五四以来的经学革命，逐渐失去了影响，如今学者的文章如果不把前人著作的书名版本及页码标出来，一般被认为是非学术类的通俗文章，大多不会得到学术圈的认可。科学的论文，首先就是要对文献来源做明确的交代，凡是没有把来源交代清楚的，大都是不科学的，当然也很难被采信。如果一位学者的论说比较少的话，只提一下某某云还是比较合理的，要是像方宗诚这样，著作非常之多，从他的文集中找一句话就比较困难，不便于再去查考，因此也不被当代学术界所赞同。

桐城学派学人不仅文章写得好，而且解读经典时也有比较独特的办法。此外，他们的某些观点被其他学者吸收，比如被胡适等人所推重的崔述（1740—1816），他的著作中便有方宗诚那样的说法，即认为祭祀或者开大会要办的事情多得去了，为什么偏偏要写蘩菜之类的小事情呢？这是因为祭祀、开会都要有诚敬之心。“此古人贵诚之意也”，参与重要活动的那些服务生们，个个需要认真负责，“采蘋蘩奉宗庙而不敢稍怠也”，“以祭祀之事，谆谆言之，其所以警戒女子者深矣”（《读风偶识》卷二）。开大会时睡觉了，肯定不行；给高级干部和代表们的酒水更需要再三确认安全。连摆个桌签、名牌、水杯都要一条直线，何况事关参会人员性命的事情呢，服务生们必须要诚心诚意地去办事，才能确保开一个成功且胜利的大会：“盖有诚敬之心，凡事致其精洁，则虽沼涧之中、蘋蘩之菜，皆可以奉宗庙，不在于备物也。”（《读风偶识》卷二）陈子展说这个符合史实，合于古人的祭祀心理，其实不只是符合古人，对现代人来说也同样若符合节。我们不知道方宗诚是否看过崔述的书，并且吸收了他的想法，但他们那个时代的学者中，一部分人自觉地用一种新的方法来解读诗篇，并且取得了很大的成绩，为我们理解诗篇大义提供了很多的奇思妙想。

崔述在读《诗》的时候说，后世章句训诂类的释经学家，其实并不懂诗篇，他们就没有从《诗经》读出崔某想的深意：“沼与沚非难至之地也，蘋与蘩非难得之物也，采之用之……即可以得人，所谓举人之周者此也。苟能任之，则随事皆可以奏效，所谓与人之壹者此也。信乎，古人之善于说《诗》，触类可以旁通，而非后世为章句训诂者之所能及也。”（《读风偶识》卷二）崔述还说：“凡学人性情，多好博览强记，不肯专取一事，平心殚力以求其首尾，故及其久也，遂忘其说之出于何人，衍于何书，而但习熟耳目，以为固然。是以每沿前人之误而不觉；至有斥其人、鄙其学，而恒袭其说而不自知者。宋儒亦然，今人亦然。”（《丰镐考信别录》卷三）我们没有必要以自己的想法来嘲笑前人，更没有必要因为某种意识形态的坚持就彻底排斥某种观点，读经书更是如此。

最后，还要说一下读《诗经》脑洞大开的故事。有人说，《采蘩》才不是搞祭祀的呢，是女奴为了服务高级干部所唱的歌谣，因为高级干部的家属怎么可能去做采蘩这样低级的事情呢？更不可能像朱子说的那样采了蘩菜是准备养蚕的，只可能是蚕妇之类的奴隶才做的事情。也有人说，怎么可能是女奴，怎么可能是奴隶，后面诗句中不是还有“被之僮僮”“被之祁祁”，说的不都是贵妇人们戴着首饰，盛装出行吗？这就绝不可能是女奴了，至少是某个级别的干部，甚至是高级干部的家属才能有的。

当然，我们也可以像毛公、朱子那样，认为《采蘩》说的是周王朝诸侯的女主人的故事。周家人民之所以能够成就王朝事业，不仅有文王的第一夫人，还有下面若干高级干部的夫人们也同样是勤劳的、有事业心的女人。

总而言之，无论怎么理解和解释，采蘩的故事都在继续。
乱曰：

大会连小会，准备复准备。既为公事忙，夙兴且夜寐。
灯火已万家，公事不得暇。碌碌复碌碌，不知冷露加。
僮僮被祁祁，采蘩字义离。科学解旧籍，搜采不停息。

（作者单位：国家图书馆）

一个完整的加冠礼仪共需要加冠三次，始加缁布冠，次加皮弁，三加爵弁。三种冠形制不同，有三套不同服饰分别与所加之冠相对应。

说士冠礼服饰

韩松岐

《礼记·冠义》说："冠者，礼之始也。"在中国古代，男子加冠即意味着成年，此后即为成年人。所谓"冠礼"，就是给童子加冠，使之获得成年人身份的仪式。

士冠礼是为士加冠之礼，《仪礼·士冠礼》详细记述了为士加冠的礼仪。一个完整的加冠礼仪共需要加冠三次，始加缁布冠，次加皮弁，三加爵弁。三种冠形制不同，有三套不同服饰分别与所加之冠相对应。缁布冠所对应的服饰为玄端，裳色或玄或黄，或玄黄相杂，缁带，爵韠，黑屦；皮弁所对应的服饰为皮弁服，配套素积，缁带，素韠，白屦；爵弁所对应的服饰为纯衣，纁裳，缁带，靺韐，纁屦。在冠礼正式开始前，三种冠各自放在匴中，由三位有司执掌以待用。三套衣裳衣领朝向东方，自北向南依尊卑顺序排列在东房的西墙之下，以方便加冠。

未加冠时，将冠者仍服采衣、紒、白色无绚的童子屦。采衣是未冠者所服童子衣，此衣用缁布做成，镶以朱锦边，并用朱锦做绅带，因而名为采（彩）衣。紒指用朱锦束发为髻。冠礼正式开始后，将冠者首加缁布冠。缁布冠以缁布为之，缁色近黑，据《周礼·钟氏》，缁色七入而成，可知缁布冠色黑而微赤。有一冠圈名为武，套在发髻之上，武上又有一冠梁，从前向后覆于头顶。缁布冠加毕，冠者返回东房，将童子服更换为与缁布冠相搭配的服饰。缁布冠所对应的玄端服属最卑一等，因此，提前放置于西墙之下的三服中，玄端服所处的位置最南。

玄端是士常服之礼服，用布十五升。上衣与缁布冠颜色相同，为缁色布衣，因其袖正直端方，故名玄端。玄端也是一种服制之名，指玄冠（委、委貌）、缁布衣、玄裳、爵韠；玄端有时亦指朝服。朝服是诸侯和群臣日视朝之服，包括玄冠、缁布衣、素裳、缁带、素韠。朝服与玄端之冠均为玄冠、缁布衣，所不同者，朝服之裳为素裳，玄端服为玄裳。士分三等，据郑玄推断，下裳应依加冠者的身份等级分为玄裳、黄裳、杂裳三种颜色。天玄地黄，天尊地卑，因此上士裳玄色，中士裳黄色，下士裳前玄后黄。冠者在腰间系缁色的丝带，蔽膝使用爵韠，“爵”通“雀”，爵韠色赤而微黑，由浅绛色染料三入，复加黑色染料染黑三次而成，其色与雀头相近，因此得名为爵。韠与裳色相配，衣裳与所加之冠相配，鞋则与衣颜色相配。搭配缁色的玄端服要穿黑色的鞋子，黑屦上装饰带孔的绚，可以用来穿系鞋带。鞋帮与鞋底相接处的缝隙要装饰名为繶的丝绦，沿鞋口有宽一寸的镶边，名为纯。黑屦上的绚、繶、纯都要用青色。夏季可以穿葛屦，冬季则穿皮屦。冠礼为嘉礼，行冠礼不得穿用于丧礼的繐屦。

表一　　　　　　　　　　　　缁布冠玄端服

缁布冠	玄端	裳	爵韠	黑屦
		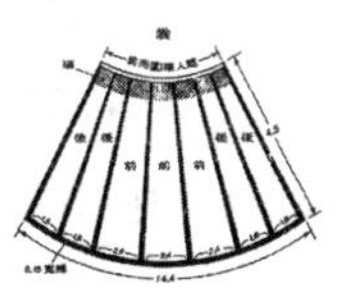	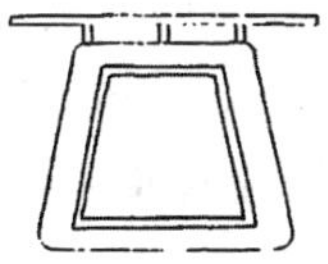	

冠者更换好玄端服从房中出来，宾赞者去掉冠者头上的缁布冠，预备第二次加冠。第二次所加之冠名为皮弁，由多块白色鹿皮缝合而成。皮弁所对应的皮弁服尊贵程度次于爵弁服，高于玄端服，因而置于玄端服北方，爵弁服之南。皮弁服的上衣与冠同为素色，由白缯制成。下裳则穿白色带褶皱的裙子，名为素积。腰间系缁色丝带，蔽膝使用与衣裳颜色一致的素韠。素积

所搭配的鞋子用大蛤壳研成的灰涂成白色，白屦的装饰物则是缁色的绚、繶、纯。与黑屦的镶边相同，纯宽一寸。皮弁服用布十五升。

表二　　皮弁服

皮弁	皮弁服	素积	素韠	白屦
		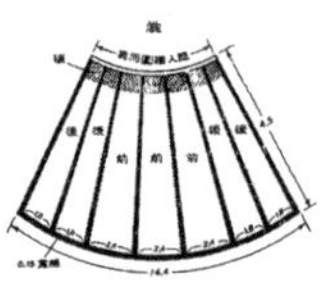	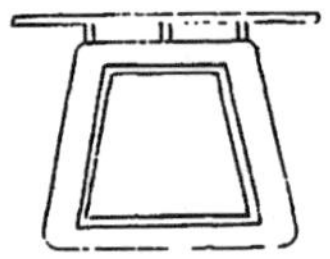	

第二次加冠完成后，冠者换好皮弁服，出门三加爵弁。爵弁色赤而微黑，有延长一尺六寸，宽八寸，有武约六寸，用布三十升。爵弁与冕形制基本相同，仅比冕少旒，颜色不同而已。中国古代唯有大夫及以上级别的官员有资格戴冕，爵弁尊贵程度仅次于冕，是士这个阶层所被允许头戴的最高级冠。与爵弁搭配的爵弁服最尊，因而置于三服最北方。爵弁服的上衣名为纯衣，是一种缁色的丝衣。下裳穿浅绛色的纁裳，腰间系缁色丝带。玄端服、皮弁服、爵弁服同用缁色丝带，是因为士所能使用的腰带仅有缁带一种，只好三服共用。爵弁服的蔽膝使用韎韐，韎韐也叫缊韨，专指用茜草染成的赤黄色韠。在各种场合之中，士所穿的韠颜色、名称有所区别，但形制相同，均用熟皮制成，长三尺，下广二尺，无挫角。搭配韎韐用黑色的玉衡。穿爵弁服时，鞋子要选用与下裳同色的纁屦，装饰物用黑色的絇、繶、纯。与黑屦、白屦相同，纁屦的纯同样宽一寸。爵弁服用布十五升。

表三　　爵弁服

爵弁	纯衣	纁裳	韎韐	纁屦
	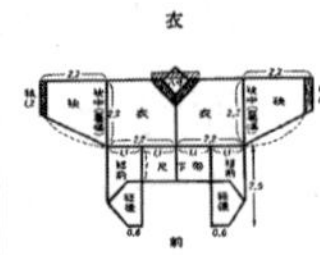	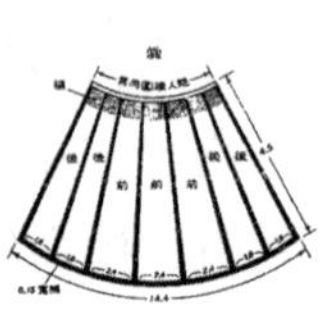	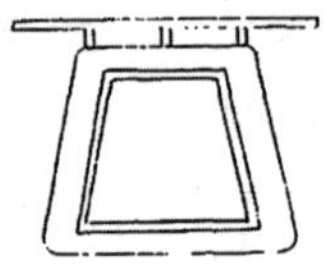	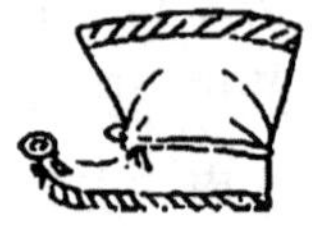

冠礼中除了与三冠相配的冠服，还有一些附属物同置于服饰南方的一箧之中。加冠前，冠者的头发需要重新梳理固定。缠发髻使用的丝织品名为缁纚，长六尺，宽与制作缁纚所用的黑缯宽度相等，男女长幼可以通用。在此之上，爵弁用爵弁笄、皮弁用皮弁笄贯穿发髻以固冠，笄以玉为之，长一尺二寸。笄上装饰带有浅绛色镶边的黑色丝带，名为缁组纮纁边。缁组纮纁边一头系在笄左端，另一头绕下颔而上，系于笄之右端，剩余垂而为饰。缁布冠无笄，固冠物名为缺项。缺项围绕发际，两端各有一结，结中穿青色丝带做的缨补足缺口，在后项正中处将青组缨系紧，以此固发。缺项两侧有长缨系于颌下，另有四缀，四缀系于武上，可以固冠。

表四 **纚笄缺缨**

缁纚	笄	缺项	青组缨
		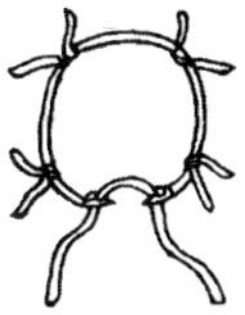	

冠礼完成，冠者要将爵弁更换为玄冠，以成人身份去拜见国君、乡大夫、乡先生。玄冠形制与缁布冠相似，同为缁布制成，仅武上多出两缨，系于颌下以固冠。此时冠者仍身穿爵弁服，而爵弁服为祭服，不可穿祭服去见君及先生，因而服饰也需要更换。通常情况下，玄冠搭配朝服。在冠礼开始前的准备阶段，主人、宾及有司均玄冠朝服，为即将进行的冠礼进行筮日、戒宾等活动。然而冠者此去见君仅因成人之礼，非正服之节，故不必穿朝服，将纯衣更换为玄端服即可。易服后，冠者头戴玄冠，身穿玄端服，玄裳，缁带，爵韠，黑屦。综观冠礼的各个阶段，主人及冠者同戴玄冠，所穿服饰却相差甚远。由此可见，玄冠的搭配较为灵活，依据不同场合，可以与玄冠搭配的服饰颜色不止一种。

表五　　玄冠朝服

玄冠	玄端	素裳	素韠	白屦
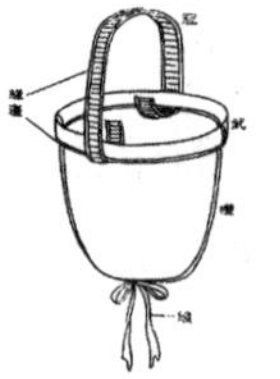		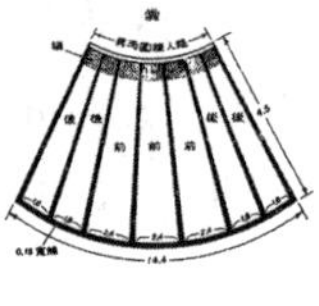	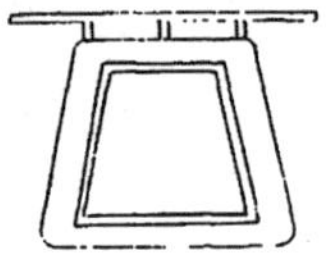	

表六　　士冠礼服饰表

所加之冠	缁布冠	皮弁	爵弁
上衣	玄端	皮弁服	纯衣
腰带	缁带	缁带	缁带
下裳	玄裳/黄裳/杂裳	素积	纁裳
蔽膝	爵韠	素韠	韎韐
鞋	黑屦	白屦	纁屦
鞋上饰物	青絇、青繶、青纯	缁絇、缁繶、缁纯	黑絇、黑繶、黑纯

夏、商、周三代冠制随时代变迁而各不相同。冠制虽有变，但冠所代表的深层次文化意义并没有变。冠者借由冠礼所带来的仪式感，开始由心体会到自己社会身份的转变，从此学着承担起一名成人所应担当的职责。在成人与否界限并不分明的现代，冠礼更有一定的现实意义。

（作者单位：南京师范大学文学院）

略论《论语》的传承与训解（上）

陈 来

虽然《论语》在中国可谓家喻户晓，但是相当一部分人士甚至包括一些学者，对《论语》的传承、地位和影响，并没有系统了解和深入认知。本文从总体上就《论语》传承发展的历史，及其在中华文化中的基本地位，作具体阐述。

一、《论语》的书名

《汉书·艺文志》里说"《论语》者，孔子应答弟子、时人，及弟子相与言而接闻于夫子之语也"，这是说明《论语》是关于什么内容的书籍。"之语"包含两部分：一是"孔子应答弟子、时人之语"，孔子回答弟子及当时一些人的问题；二是"弟子相与言而接闻于夫子之语也"，弟子之间相互讨论以前听到的夫子说过的话。《艺文志》还说："当时弟子各有所记。夫子既卒，门人相与辑而论纂，故谓之《论语》。"孔子应答弟子、时人讲的话，当时弟子们各有所记，夫子去世以后，门人把这些"之语"加以编辑整理，所以叫作《论语》。在这个讲法中，《论语》之"论"被解释为"辑而论纂"，"语"是孔子和他弟子讲的那些话（关于《论语》的相关介绍，可参看杨伯峻《论语译注》的导言、金良年《论语译注》的前言、孙钦善《论语说略》）。

东汉王充在《论衡·正说》里说："夫《论语》者，弟子共纪孔子之言行。”这个讲法表明《论语》里面不仅记载了孔子之言，还记载了孔子之行。汉末《释名》认为《论语》是“纪孔子与诸弟子所语之言也”(《释典艺》)，这句话比较简明，是说《论语》就是记载了孔子和他的弟子们之间的谈话。赵岐在《〈孟子〉题辞》里也讲到“七十子之畴，会集夫子所言以为《论语》”，并说“《论语》者，五经之馆辖，六艺之喉衿也”(参见《孟子注疏》)。其实在孔子跟他弟子的对话之外，《论语》还有一小部分记载了孔子弟子的一些言论或者言行，这在整个《论语》里面占的分量比较小，可以说是附属于“孔子与诸弟子所语之言也”。关于《论语》的内容，应该说上面都讲清楚了：主要是记载了孔子的言行，当然还有一小部分记载了孔子弟子，比如曾子、子贡、有子等的言行。

《论语》中的“论”字，照《汉书·艺文志》来讲是“辑而论纂”，即编辑整理的意思。《释名》认为“论，伦也，有伦理也”(《释典艺》)，论就是伦理，伦理也就是次序的意思；它把“语”解释为“语，叙也，叙己所欲说也”(《释言语》)，语是自己讲的话，论是把它整理得有次序。有关“论”“语”这些字在汉代还有一些其他的表述，比如汉初《毛诗传》里面讲到“直言曰言”，我直接说自己的话；“论难曰语”，跟别人辩论问题，这叫语。郑玄《周礼注》中说“发端曰言，答述曰语”(《周礼注疏》卷二十二《春官宗伯》)，“语”主要是讲对别人的一种回答，这也是汉人的一种区分。

《论语》在古书里面有记载和引用。如《礼记·坊记》说：“《论语》曰：‘三年无改于父之道，可谓孝矣。’”这里完整出现了《论语》书名。《史记·李将军列传》引太史公曰：“《传》曰‘其身正，不令而行，其身不正，虽令不从’。”《汉书·宣帝纪》里也说“《传》曰‘孝弟也者，其为仁之本与’”。《史记》《汉书》里面引用了《论语》中的话，但是成为“《传》曰”。据汉人和后来有些学者的区分，如张华在《博物志》卷六里说：“圣人制作曰经，贤者著述曰传。”《史记》《汉书》引孔子的话，把它称为“《传》曰”，是因为它在当时还不属于“经”，所以把它称为“传”。此外，还有一些书里面称其为《语》，或者称为《记》。《孟子》书中有二十九章引用了孔子的话，这些话见于今本《论语》者有八段。可见，在战国时代，应该说在孟子和《礼记》的时代，《论语》这本书应该已经辑定了。

这里简单地提一下近代以来对《论语》的辨伪研究。清朝乾嘉时代的崔述最早致力于古史的辨伪。五四以后，顾颉刚先生继承了这个传统，编了《古史辨》。崔述的《洙泗考信录》对《论语》里面的篇章提出了一些质疑，在他看来，今本《论语》并不是孔门传下的《论语》的原本，也不是汉代鲁国传下的《鲁论语》的旧本，他认为这里面已经出现了篡乱和续补，就是说篇章可能乱了，次序颠倒了；续补是说孔门《论语》编好了以后，我们现在的这个本子又续增了一些内容。其基本的结论是：今本《论语》二十篇中的前十篇是最纯粹的，没有什么篡乱、续补的地方，而《论语》后十篇与前十篇大不相同。首先就是文体不同，尤其是最后五篇更可疑，他的理由是，《论语》前十篇通例称呼孔子为子，但是后五篇不称子，而称孔子或夫子，于是他就认为这五篇应该是后人续入的，不是孔门的原本。其实，如果我们从材料真伪的角度来看，后来续入的材料也可以是真材料。比如，前十篇可以是七十子辑订的《论语》，后十篇是七十子的后学把他们所收集的资料继续加入《论语》之中，这些材料虽然属于续补，但是内容还可以是真实的，所以就不能用辨伪这个概念模糊了内容的真实性。崔述的这种观点对我们今天的《论语》研究者影响不是很大，但是对国外特别是对美国学者有一定的影响，个别的美国学者不仅把它看成定论，甚至把它推向极端，这是非常不恰当的（对此问题的详细讨论，参见［美］李淳玲：《论索隐派伪书〈论语辨〉及学问分际的问题》，载《人文论丛》2006年第1期）。

二、《论语》的传本

汉初，因秦朝焚书坑儒，许多经籍的传承受到了很大的影响，一大部分经典是凭经师的口耳记诵才传承下来的。《论语》也是一样，因为是凭经师的口耳记诵，所以不同的经师传下来的本子就有所不同。《汉书·艺文志》说“汉兴，有齐、鲁之说”，认为汉初《论语》主要有两个传本，一个是《齐论语》，一个是《鲁论语》。

第一个是《鲁论语》，《汉书·艺文志》著录《鲁论语》二十篇。据北宋邢昺《论语注疏》记载，《鲁论》与我们今天看到的《论语》的篇名、篇次是相同的。因为它是鲁国人所传所学，所以汉代就称为《鲁论》。在西汉的时候，有不少传《鲁论》的学者，据《汉书·艺文志》里讲“有常山都尉龚奋、长信少府夏侯胜、丞相韦贤、鲁扶卿、前将军萧望之、安昌侯张禹，皆名家”。汉代《熹平石经》所刻的是《鲁论》，但是刊本我们今天看不到了。1973年在河北定州的西汉墓里面出土了竹简《论语》，这个竹简《论语》也可以说是我们迄今看到的最早的《论语》抄本，但保存下来的内容不到今本的二分之一。据说里面有“鲁论”的文字，一般认为，定州的《论语》与许慎所见到的古文《论语》(鲁壁里面发现的古文的《论语》)是有明显差异的，所以它不是古文的《论语》，与汉代有重大影响的《张侯论》也存在着相当多的差异，应当属于今文《鲁论》的系统。可惜因为受到当时地震的影响，很多简都遭到了损坏。

第二个是《齐论语》，据《汉书·艺文志》记载它有二十二篇，比《鲁论语》多了《问王》和《知道》两篇。何晏《论语集解》序文里说“其二十篇中，章句颇多于《鲁论》”(《论语注疏》序)，就是说不仅它多了两篇，而且前二十篇里面的字句往往比《鲁论语》要多，即它前二十篇的题名和《鲁论语》是一样的，但是文句、字数多少还是有所不同的。传齐论者，有“昌邑中尉王吉、少府宋畸、御史大夫贡禹、尚书令五鹿充宗、胶东庸生，唯王阳名家”(《汉书·艺文志》)。2015年在南昌的西汉海昏侯墓里出土的竹简中有《论语》，据目前披露的消息说，出土的《论语》是《齐论语》，是因为它里面有《知道》篇，这样在今天的出土文献里面也可以看到《齐论语》的一些真面目了。目前，海昏侯竹简还没有公布，保存的完整程度到底是什么样的，我们还不了解，但的确也是研究《论语》的一个好消息。可以说，自20世纪70年代发现定州论语以来，海昏侯墓出土的竹简为我们研究《论语》提供了新的文本资料。

第三个是《古论语》，《汉书·艺文志》说“武帝末，鲁共王坏孔子宅，欲以广其宫”，鲁共王觉得自己的宫苑小，就把孔子的故宅拆毁，然而从中“得《古文尚书》及《礼记》、《论语》、《孝经》凡数十篇，皆古字也”。《古论语》有一个特点，就是它把《尧曰》分成上下两章，下章叫作《子张问》。不仅它在分章上多了一篇，而且在《古论语》每篇的次序与《鲁论语》《齐论语》也有所不同，后来南北朝的皇侃说《古论语》“以《乡党》为第二，以《雍也》为第三”（皇侃：《论语义疏》），而我们现在的传本是《为政》第二，《八佾》第三，故可以说《古论语》的篇次与《鲁论语》《齐论语》也有所不同。除了篇次不一样，异文也是存在的。东汉桓谭在其《新论·正经》篇里指出，《古论语》与《鲁论语》《齐论语》相比，“文异者四百余字”。孔安国曾对《古论语》作过注解，其注解被何晏的《论语集解》采纳了。

第四个是《张侯论》，何晏《论语集解》里说“安昌侯张禹本受《鲁论》”，“兼讲《齐》说”，“善者从之”，他觉得《鲁论语》《齐论语》哪一个版本比较好，就采纳哪一种说法；“号曰《张侯论》，为世所贵”（《论语注疏》序），他的《张侯论》在当时很受重视。《隋书·经籍志》中说“除去《齐论》‘问王’‘知道’二篇，从《鲁论》二十篇为定，号《张侯论》”，是说《张侯论》把《齐论语》中《问王》《知道》两篇去掉，把《鲁论语》二十篇作为定本，这是强调《张侯论》主要是依从了《鲁论语》的文本体系。西汉以来，《鲁论》《齐论》以后，《张侯论》成为最为流行而且对后世影响最大的《论语》文本。郑玄也是依据这个本子来作注，一直流传到今天。

三、《论语》的单注本

西汉孔安国对《古论语》已经作了训解，这可以说是最早的《论语》注解本。除了《古论语》注本以外，《鲁论》《齐论》也都有注本出现，特别是《鲁论》郑玄注本的影响是比较深远的。何晏《论语集解》序中说“汉末，大司农郑玄就《鲁论》篇章考之《齐》《古》，为之注”（《论语注疏》序）。后来《隋书·经籍志》著录了郑注《论语》十卷，又说“汉末，郑玄以《张侯论》为本，参考《齐论》《古论》而为之注”。《张侯论》也是以《鲁论》为本，郑注本以《鲁论》为本，据后人研究，它的读音参考了《齐论》《古论》，也有学者认为它的读音主要是以《齐论》《古论》为依据，但也保留了《鲁论》数十条。我们今天现行的《论语》的来源，主要就是这个郑本。隋唐间，当时的《论语》最流行的就是两个本子：一个是何晏的《论语集解》本，一个是《论语郑注》本。

由于《论语郑注》在当时非常流行，所以我们晚近的一些出土文书、文献里，也发现了郑注本的残卷，主要是敦煌文书和吐鲁番出土的写本，都发现了《论语》郑注本的残卷，这两者加起来差不多有半部《论语》之多，其中也可以看到大量的异文。郑注本在宋代以后已经亡佚了，所以敦煌和吐鲁番出土的这些残卷，能够帮助我们看到隋唐以前郑注本的原貌。因为吐鲁番出土的这些残卷时代比较早，是属于十六国时期（约309到439），所以这些残本的发现也是珍贵的。在敦煌文书里面发现的唐写本郑氏注有篇题，篇题下面注有“孔氏本、郑氏注”，就是说这个本子它本来是孔安国所传的本，即《古论语》本，然后由郑玄作注，但是这个说法与《汉书·艺文志》的讲法是不同的。因此唐写本的研究者就认为“孔氏本郑氏注”这个讲法可能是书商所为，书商根据自己的想象增加了“孔氏本郑氏注”。其实关于郑氏注的底本，我们应该还是从何晏之说。出土的郑氏注的写本，在近代以来还是受到学者的注意，比如罗振玉、王国维，都专门对《论语》的郑注残卷做过研究。罗振玉就认为，唐写本的篇次同于《鲁论》，“此卷乃题孔本，初不可晓”（罗振玉：《〈论语〉郑注〈述而〉至〈乡党〉残卷跋》，引自王素编著：《唐写本论语郑氏注及其研究》），篇次明明是《鲁论》的篇次，为什么写成孔氏本？罗振玉认为应该是据《古》正《鲁》，它还是以《鲁论》为本，但是参考《古论》作了一些校定。王国维也认为，“郑氏所据本，固为自《鲁论》出之《张侯论》，及以《古论》校之”（王国维：《观堂集林》卷四《艺林四》）。可见，近代的一些学问大家也是非常关注出土文献里面的一些《论语》文本。如果讲郑注的特点，那就是重训诂、音韵，这与郑玄其他经典的注释特点也是一致的。

四、关于《论语》的集解本（上）

汉代《论语》的单注已经不少了，如《鲁论》有郑氏注，《古论》有孔氏注，还有马融注，《张侯论》有包氏注、周氏注。为了整体地了解汉晋南北朝的这些《论语》注本，我们来看看何晏和皇侃的详细叙述，也可以了解何晏、皇侃集解的特色。

何晏《论语集解》之序：

叙曰：汉中垒校尉刘向言《鲁论语》二十篇，皆孔子弟子记诸善言也。太子太傅夏侯胜、前将军萧望之、丞相韦贤及子玄成等传之。《齐论语》二十二篇，其二十篇中，章句颇多于《鲁论》，琅邪王卿，及胶东庸生、昌邑中尉王吉皆以教授。故有《鲁论》，有《齐论》。鲁共王时，尝欲以孔子宅为宫，坏，得《古文论语》。《齐论》有《问王》、《知道》，多于《鲁论》二篇。古论亦无此二篇，分《尧曰》下章“子张问”以为一篇，有两《子张》，凡二十一篇。篇次不与《齐》《鲁论》同。

（作者按：以上讲传本，即文本传授）

安昌侯张禹本受《鲁论》，兼讲齐说，善者从之，号曰“张侯论”，为世所贵，包氏、周氏《章句》出焉。《古论》唯博士孔安国为之训解，而世不传，至顺帝时，南郡太守马融亦为之训说。汉末，大司农郑玄就《鲁论》篇章考之《齐》、《古》，为之注。近故司空陈群、太常王肃、博士周生烈皆为《义说》。

（作者按：以上讲义解，即义说训解）

前世传授师说，虽有异同，不为训解。中间为之训解，至于今多矣。所见不同，互有得失。今集诸家之善，记其姓名，有不安者，颇为改易，名曰《论语集解》。

（作者按：讲“集解”，即集诸家解）

光禄大夫关内侯臣孙邕、光禄大夫臣郑冲、散骑常侍中领军安乡亭侯臣曹羲、侍中臣荀顗、尚书驸马都尉关内侯臣何晏等上。

何晏讲“《鲁论语》二十篇，皆孔子弟子记诸善言也”，“善言”就是“佳言”的意思。“太子太傅夏侯胜、前将军萧望之、丞相韦贤及子玄成等传之”，指出了有哪些人来传承《鲁论语》。“《齐论语》二十二篇，其二十篇章句颇多于鲁论”，所有讲汉代《论语》的情况都依据于这句话。“传”本身不只是文本的传递，同时是用这个文本来进行教学。然后他总结说：“故有《鲁论》，有《齐论》。”他又说：“鲁共王时，尝欲以孔子宅为宫，坏，得《古文论语》。”在《鲁论》《齐论》之外，还有《古论》，《古论》是鲁共王破坏孔子故居的墙时发现的。“《齐论》有《问王》《知道》，多于《鲁论》二篇。”《齐论》比《鲁论》多出了《问王》《知道》两篇。并且《古论》也没有这两篇，“《古论》亦无此二篇，分《尧曰》下章‘子张问’以为一篇”。我们看，他序文第一段主要是讲传本，有《鲁论》《齐论》《古论》。

下面讲：“安昌侯张禹本受《鲁论》，兼讲齐说，善者从之，号曰‘张侯论’，为世所贵，包氏、周氏《章句》出焉。”包氏、周氏依据“张侯论”写了《章句》。“《古论》唯博士孔安国为之训解”，可见《古论》在西汉时发现以后，孔安国为其作了训解。“而世不传”，后来没有传下来，没有更多的人关注孔安国的训解。“至顺帝时，南郡太守马融亦为之训说。”西汉时期，除了孔安国，其他人不传《古论》，到了东汉汉顺帝时，马融也为《古论》作了训说。训说、训解都是注释类的著作。“汉末大司农郑玄就《鲁论》篇章考之《齐》《古》，为之注”，郑玄的注以《鲁论》为主，也参考了《齐》《古》。“近故司空陈群、太常王肃、博士周生烈皆为《义说》。”陈群、王肃、周生烈对郑玄所确定的《论语》文本作了进一步的解释。

第一段讲的是传本，第二段讲的是义解，义解包括义说、训说、训解等等。所以最后他总结说：“前世传授师说，虽有异同，不为训解。”《论语》在汉代刚开始传流的时候，主要是经师传授，不作训解。“中间为之训解，至于今多矣。”从西汉中期开始，出现了注释类的著作，到了何晏这个时代，注释类的著作已经很多了。“所见不同，互有得失”，每一部训解的观点大有不同。“今集诸家之善，记其姓名，有不安者，颇为改易，名曰《论语集解》。”这就是说《论语》史上最有名的著作《论语集解》，是由何晏等人把汉代《论语》训说、训解等注释编集起来而成的。据后来皇侃对何晏序里面所讲的“包氏、周氏《章句》”作了说明，明确指出两人对“张侯论”所作的《义说》属于注解本，并不是单纯的分章的传本。孔安国对《古论》作了训解，马融也为《古论》作了训说，郑玄为《鲁论》作注，同时郑玄也依据了《齐》《古》作了一些校定，陈群、王肃、周生烈也为《鲁论》作了《义说》，所以“张侯论”有注解，《古论》有注解，《鲁论》有注解。

何晏的序可以说非常清楚地叙述了《论语》的流传，包括了传本到个人义解，再到集诸家解三个阶段。此后应该说单注本（个人义解），还在历史上不断出现，同时集解这种注本形式在历史上也不断出现，但相比较起来，应该说集解本在历史上发挥的作用更大。这不是单纯从体例上看，因为集解和单行的注本的体例是不一样的，而是从内容上来说。汉代的注解，它的特点是只诠字义。当然有的也讲了读音，但主要是诠解字义，是以训诂字义为主。从魏开始，注本就从仅仅训诂字义开始向义理的解释发展。《论语集解》是已经集合了汉和魏《论语》注的大成，所以它在注解、体例、义理的解说方面都有自己的特点，其特点如下：

第一，创立了经学注释的集解体，保存了大量的汉魏古注，这是很有价值的。因为何晏坚持“集诸家之善”这个原则，所以他对汉魏的《论语》研究成果进行了集解。在《论语集解》里面收录了八家注释，有孔安国、马融，他们是讲古文的；有包咸、周氏，他们是今文见长；有郑玄，他是兼采今古文；有陈群、王肃、周生烈，他们是曹魏时的人，重视以义理解说。他们“所见不同，互有得失”，何晏却能够把他们的解释融为一体，不拘师法的界限，不拘今古文的差别，博采章句、训诂、义说种种方法，所以突破了单注的形式，有综合性的优点。

第二，改易各家，自下己义。何晏等人在编《论语集解》的时候，承认诸家“有不安者，颇为改易”。“颇为改易”这个词说明了何晏等人按照他们自己的立场来集解《论语》的注释，而不是完全地照录旧注，所以南朝的皇侃在解释这四个字的时候，他说：“若先儒注非何意所安者，则何遍为改易，下己意也。”（《论语义疏》序）这样就会导致他们把《论语》的一些旧注的原貌做了改动，这是不恰当的。

第三，汉人的解释是以训诂字义为主，曹魏时期就开始走向了义理诠释。从义理的角度来看，《论语集解》一个鲜明的特点，就是以《易传》注《论语》。就何晏本人来说，他善谈《易》《老》，著有《周易讲说》，因此他主持的《论语集解》里面多有《易传》之说，这可以说是《论语集解》在义理解说方面最突出的特点。因为到了汉代，包括曹魏的人都认为《易传》是孔子所作，当然就拿它来跟《论语》比照解释。但是应该指出这一点，用《易传》来解释《论语》，推崇《易传》，这还不能说它就是代表玄学的本质，或者受到了玄学的影响。比如《论语·公冶长》说“性与天道不可得而闻”，何晏说“性者，人之所受以生也。天道者，元亨日新之道，深微，故不可得而闻也”(《论语注疏》卷五)，这个解释与老庄没有关系，他是用《系辞》来解释，所以这个解释并不是玄学、道家之言。所以，以《易》解《论语》，这还不能说就是受到了道家或者玄学的影响，这应该说是这个时期义理解释的一个特点。

除了何晏的《论语集解》在历史上影响非常大，南朝梁皇侃的《论语义疏》影响也是比较大的。《论语义疏》的序言也是很详细的。梁皇侃《论语义疏》，叙曰：

> 《论语》，通曰《论语》者，是孔子没后，七十弟子之门徒共所撰录也。……语者，论难答述之谓也。《毛诗传》云：“直言曰言，论难曰语。”郑注《周礼》云：“发端曰言，答述为语。”今按，此书既是论难答述之事，宜以“论”为其名，故名为《论语》也。……又此书遭焚烬，至汉时，合壁所得，及口以传授，遂有三本，一曰《古论》，二曰《齐论》，三曰《鲁论》。既有三本，而篇章亦异，《古论》分《尧曰》下章“子张问”更为一篇，合二十一篇，篇次以《乡党》为第二篇，《雍也》为第三篇，篇内倒错不可具说。《齐论》题目与《鲁论》大体不殊，而长有《问王》、《知道》二篇，合二十二篇，篇内亦微有异。《鲁论》有二十篇，即今所讲者是也。
>
> 寻当昔撰录之时，岂有三本之别，将是编简缺落，口传不同耳。故刘向《别录》云：“鲁人所学，谓之《鲁论》；齐人所学，谓之《齐论》；合壁所得，谓之《古论》。”而《古论》为孔安国所注，无其传学者。《齐论》为琅琊王卿等所学，《鲁论》为太子太傅夏侯胜及前将军萧望之、少傅夏侯建等所学，以此教授于侯王也。晚有安昌侯张禹，就建学鲁论，兼讲齐说，择善而从之，号曰张侯论，为世所贵。至汉顺帝时，有南郡太守扶风马融字季长、建安中大司农北海郑玄字康成，又就《鲁论》篇章，考《齐》验《古》，为之注解。汉鸿胪卿吴郡包咸字子良，又有周氏，不悉其名，至魏司空颍川陈群字长文，太常东海王肃字子雍，博士

敦煌周生烈，皆为义说。魏末吏部尚书南阳何晏字平叔，因《鲁论》，集季长等七家，又采《古论》孔注，又自下己意，即世所重者。今日所讲，即是《鲁论》，为张侯所学，何晏所集者也。

晋太保河东卫瓘字伯玉，晋中书令兰陵缪播字宣则，晋广陵太守高平栾肇字永初，晋黄门郎颍川郭象字子玄，晋司徒济阳蔡谟字道明，晋江夏太守陈国袁宏字叔度，晋著作郎济阳江淳字思俊，晋抚军长史蔡系字子叔，晋中书郎江夏李充字弘度，晋廷尉太原孙绰字兴公，晋散骑常侍陈留周坏字道夷，晋中书令颍阳范宁字武子，晋中书令琅琊王珉字季瑛。右十三家，为江熙字大和所集，侃今之讲，先通何集，若江集中诸人有可采者，亦附而申之，其又别有通儒解释，于何集无好者，亦引取为说。以示广闻也。……(参见《论语义疏》自序)

皇侃自序说明《论语》是孔子弟子门徒共同撰录的。他认为《古论》的篇章是倒错的，《鲁论》的篇章还是比较正确的。在皇侃的时代，用的文本主要是《鲁论》。皇侃说，今天我们讲《论语》的本子就是《鲁论》，张侯据之为本所作《张侯论》，何晏《集解》的文本里也都体现了《鲁论》。下面又提到了十三个人的名字，这句话比较重要。他的《论语义疏》先把何晏的集解作一些疏通解释。上面提到的十三家是被江熙所集的《论语》注，那里面有可采取者，他就把这些收录在自己的《论语义疏》中。如果在何晏的《论语集解》、江熙的《论语集注》里面都没有，而另外所有的当时通儒的解释，皇侃也把它采取进来，“以示广闻也”。这样，我们可以看出皇侃解释有一种多样性的特色。皇侃自序下面几点也要注意：

第一，西汉《论语》学教授的重点对象是王侯。照我们现在看皇侃的讲法，“此教授于侯王也”，我们在海昏侯墓里发现《论语》很正常，因为王侯须学习《论语》。

第二，皇侃《论语义疏》确实进一步扩大了集解的范围。何晏集会八家之说，但是皇侃扩大了什么？他是从江熙所集的十三家《论语》注里面又取材不少，说明江熙自己也有一个《论语集注》，但是没有传下来，然而皇侃看到了，他从江熙的《论语集注》里面吸取了不少素材。

第三，除了何晏所集的八家，江熙所集的十三家以外，皇侃的《论语义疏》还吸取了其他“通儒”的解释，哪些通儒呢？一个就是江熙本人，再有就是王弼、郭象等，所以其集解的范围就远多于何晏的集解。

如果讲《论语义疏》的特点，那就是：在《论语义疏》的内容里面，有许多关于老庄玄学的应用。何晏集解里只是有《易传》《论语》相比照的解释，但是皇侃的《论语义疏》，不仅增加了十三家，还有其他的通儒，像王弼、郭象之类玄学人物代表，所以它有大量的对老庄玄学的应用。在皇《疏》里面出现了不少引用《老子》的文本，如引《老子》第二十六章“重为轻根，静为躁本”，还有《老子》第八十章“民安其居而乐其俗，邻国相望而不相与往来”（《论语义疏》卷二《里仁第四》。此为化用，《老子》原文为：“安其居，乐其俗。邻国相望，鸡犬之声相闻，民至老死，不相往来。”）。在玄学里面，王弼作为通儒被引用，是最明显的代表。他引用了王弼的许多话，比如“举本统末”，这都是玄学的思想。像“有子”那一章，他说：“王弼曰：自然亲爱为孝，推爱及物为仁。”（《论语义疏》卷一《学而第一》）然后“一贯”章的注里面说：“王弼曰：贯犹统也，夫事有归，理有会，故得其归……总其会，理虽博，可以至约穷也。”（《论语义疏》卷二）又王弼曰：“忠者，情之尽也；恕者，反情以同物者也。未有反诸其身而不得物之情，未有能全其恕而不尽理之极也。”（《论语义疏》卷二《里仁第四》）特别是“性相近”章注说：“王弼曰：不性其情，焉能久行其正。”（《论语义疏》卷九《阳货第十七》）这是王弼有代表性的“性其情”的思想。“为政以德”章里面，引郭象曰：“万物皆得性谓之德。夫为政者奚事哉？得万物之性。故云德而已也。”“得其性则归之，失其性则违之。”（《论语义疏》卷一《为政第二》）在“阳货见孔子”章里，引郭象曰：“圣人无心，仕与不仕随世耳。”（《论语义疏》卷九《阳货第十七》）这些都是郭象一些有代表性的玄学思想。所以，《论语义疏》一方面扩大了集解的文本，提供了一些汉魏以后难见的资料，但另一方面大量的玄学思想加入了《论语》的注疏文本里面。

（作者单位：清华大学国学研究院）

西晋民变规模大、流动性强、以流民民变为主、以掠夺为务、内部易分散；东晋民变规模小、流动性弱。

两晋时期淮河流域民变研究

薄睿宁

古代的农民起义或农民战争，是封建王朝社会矛盾的直接体现，对于历史学研究而言具有重要的意义，历来是学界关注的基本问题。魏晋南北朝时代是中国古代第一次大分裂时期，阶级矛盾、民族矛盾和宗教因素的介入，使得这一时期的农民起义呈现出新的面貌。自民国时期陈寅恪《天师道与滨海地域之关系》、周一良《乞活考》等研究以来，特别是新中国成立后作为“五朵金花”讨论之一，关于魏晋时期的农民起义问题，学界已积累大量成果（相关成果的梳理，参见蒋海升：《“西方话语”与“中国历史”之间的张力——以“五朵金花”为重心的探讨》，山东大学2006年博士学位论文。20世纪50年代的研究，分析诸农民起义的起因、经过、性质、作用、特点、规律、意义等，下层人民对历史发展的作用空前彰显。60年代，农民阶级属性、农民政权性质、农民战争性质、历史作用等重大理论问题被格外关注。1978年后，新领域、新课题得以开辟，部分否定性的意见也被提出和关注。）

魏晋南北朝时代，在淮河流域，农民起义频繁发生。淮河流域是中国古代南北对立双方的“中间地带”（陈金凤：《魏晋南北朝时期中间地带略论》，《江汉论坛》2000年第3期），地理位置重要，其得失影响政权安危，自《禹贡》以来，持续受到关注，王应麟、顾祖禹等学者皆论述其重要性（[宋]王应麟著，傅林祥点校：《通鉴地理通释卷十一·三国形势考上·魏重镇》；[清]顾祖禹撰，贺次君、施和金点校：《读史方舆纪要·南直方舆纪要序》）。

魏晋南北朝时代淮河流域的相关研究，在20世纪90年代以后不断深入：史念海研究三国、两晋时期南北政权分界线的变化（史念海：《论我国历史上东西对立的局面和南北对立的局面》，《中国历史地理论丛》1992年第1期）；陈金凤以军事为例证，提出“中间地带”的概念（《魏晋南北朝中间地带研究》，天津古籍出版社2005年版）；鲁西奇、韩树峰探讨流域内豪族之兴起过程及历史作用（鲁西奇：《西魏北周时代“山南”的“方隅豪族”》，《中国史研究》2009年第1期；韩树峰：《南北朝时期淮汉迤北的边境豪族》，社会科学文献出版社2003年版）；罗新对中古早期南方诸蛮历史命运进行讨论（罗新：《王化与山险：中古早期南方诸蛮历史命运之概观》，《历史研究》2009年第2期）；在此基础上，胡鸿研究了桐柏—大别山区的豫州蛮的基本情况及历史地位（胡鸿：《华夏网络断裂与南方山地人群的华夏化——以六朝长江中游地区为中心》，《能夏则大与渐慕华风：政治体视角下的华夏与华夏化》）。作为相关研究的对象之一，民众是国家的主体，是影响两晋时期南北关系和政治局势的重要力量。此前的研究，多关注两晋淮河流域民众与国家的战争关系，但是，民众与国家的关系究竟如何，又怎样发展、变化，恐怕需要对两晋时期淮河流域的部分民众进行深入的个案研究，方能得出令人信服的结论。

本文在前人研究的基础上，以发动和参与民变的民众为视角，研究两晋时期淮河流域民变（叶文宪主张所谓“农民起义”应该被称为“民变”或“民乱”，参见叶文宪：《魏晋南北朝时期“农民起义”的甄别与研究——兼论反社会武装和反政府武装》，《史学月刊》2013年第1期。为了论述的方便，本文在以下的讨论中暂且称发动和参与民变的民众为“民变群体”。）主要从两个方面展开讨论：第一，论及两晋时期淮河流域的地理环境与农业生产情况，讨论历史背景与民变之间的关系，并分别分析两晋民变的特点；第二，试图复原两晋时期民变群体与政权错综复杂的关系，揭示这种关系的调整对于民变群体生存的意义。

一、两晋时期淮河流域民变分期与特征

淮河流域地处我国华中河南南部与华东苏皖北部，介于黄河、长江两流

域之间，是中国南北方的过渡地带（陈桥驿：《淮河流域》），也是中国古代分裂时期南北对立双方的“中间地带”（陈金凤指出，内地农耕社会内部的南北对立多以秦岭、淮河一线为界，并提出“中间地带”概念，参见《魏晋南北朝中间地带研究》）。其得失直接影响政权实力强弱甚至存亡，故南北政权常激烈争夺淮河流域的控制权，围绕该地的冲突与斗争不断。

两晋时期，淮河流域是南北争夺的重要地区，由于战乱的影响，淮河流域的农业经济陷入“开发——破坏——复苏——破坏……”的残酷模式（陈金凤：《魏晋南北朝中间地带研究》），农业生产停滞不前，整个区域荒凉、萧索。在农业经济受损、社会秩序被扰乱后，民众也难以安居乐业。《南齐书》卷十四《州郡志·豫州》：“民不识义，唯战是习。”一部分民众还成为流民、盗贼，不时发动或参与民变。在水、旱等自然灾害严重或政权强行征发民众为兵时，民变就更容易爆发。

有关两晋时期淮河流域民变的基本史实，参见下表：

表七　　两晋时期淮河流域民变

序号	时间	地点	起兵原因	性质	首领	出处
西晋时期						
1	303—304	荆州江夏郡、江沔间、豫州、江南诸郡	西晋强征荆州民为兵，民众不乐，屯聚为群盗。张昌募集群盗、流人而起兵。	流民民变	义阳蛮张昌、山都人丘沈	《晋书·惠帝纪》《陈敏传》《张昌传》《宋书·五行志》
2	306—311	青、徐、兖、豫四州		流民民变、官吏起事	东莱㡉令刘柏根、东莱人王弥	《晋书·惠帝纪》《孝怀帝纪》《王弥传》
3	309	颍川、襄城、汝南、南阳	流落至颍川、襄城、汝南、南阳、河南等地的流民，受到当地人歧视，遂杀害官员，响应王弥。	流民民变	遥尊王弥为首	《晋书·王弥传》

续表

序号	时间	地点	起兵原因	性质	首领	出处
4	310—312	宛、沔汉、夏口	晋末，朝廷下诏遣流民还乡，王如不愿归，联合流民，举兵反于宛。	流民民变	京兆人王如	《晋书·孝怀帝纪》《石勒载记》《王如传》
5		董城		流民民变	陈声	《晋书·朱伺传》
东晋时期						
1	324	灊山			道士李脱、李弘	《晋书·周札传》
2	354	主要在今安徽一带，经侨郡陈留	桓温北伐，东晋国中空虚。姚襄趁机降于前燕，郭敞依附姚襄，扰乱东晋后方。	流民民变	乞活郭敞	《晋书·穆帝纪》《姚襄载记》
3	366—367	南阳宛城	南阳位于前燕和东晋的对峙前线，前燕将攻之，赵弘、赵忆不战而降。	官吏起事	晋南阳督护赵弘、赵忆	《晋书·穆帝纪》《姚襄载记》
4	393	彭城			司马徽	《晋书·刘牢之传》
5	406	应城		官吏起事	张坚	《宋书·蒯恩传》
6	406、408、412、416	弋阳、邹山、砀山、胡桃山、广陵	刘裕专权，杀害晋宗室。宗室司马国璠投靠十六国政权，报复东晋。	宗室起事	晋宗室司马国璠	《宋书·天文志》《刘怀肃传》《檀祗传》
7	406	江淮间	司马国璠、桓石绥作乱于胡桃山，其余党于江淮间起事。			《宋书·刘怀肃传》

续表

序号	时间	地点	起兵原因	性质	首领	出处
8	413	彭城		流民民变	亡命王灵秀	《宋书·刘怀慎传》
9	416	滁中/涂中	刘裕北伐，境内空虚。	宗室起事（存疑）	亡命司马	《宋书·张邵传》《檀祗传》

综合上表，可得如下三点认识：

第一，在303—416年，淮河流域共有14次民变，西晋时期5次，东晋时期9次，集中爆发于两晋末期（303—312、406—416）。

第二，西晋民变群体占据的地域往往遍及周边数州，主动向外扩张；而东晋的民变群体则局限于一隅之地，甚少向外扩张。

第三，西晋民变多数为流民民变，东晋民变则以宗室、官吏起事为主。

综合两晋民变的基本史实，可以概括两晋民变的特点。

（一）西晋民变特点

1.规模大。西晋末，为镇压各地起义，西晋政权强制募兵。相较于汉代，魏晋时期士兵身份降低，且由定期服役变为职业兵（唐长孺：《魏晋南北朝隋唐史三论》）。民众大都不愿为兵，面对征召，时常逃离原籍，成为流民（白寿彝：《中国通史》；田余庆：《东晋门阀政治》），或聚集为群盗。由于淮河流域特殊的地理位置，南北政权对其控制能力弱，大量流民、盗贼聚集于此，游手好闲、时常缺乏粮食，容易被民变群体收拢。民变发动后，周边之人云集响应，民变群体每每在万人以上，如张昌“旬月之间，众至三万”（《晋书·张昌传》），王弥“有众数万，朝廷不能制”（《晋书·王弥传》），王如“未几，众至四五万”（《晋书·王如传》）。

2.流动性强。《晋书·张昌传》载：“昌遣其将军黄林为大都督，率二万人向豫州……又遣其将马武破武昌，害太守，昌自领其众。西攻宛，破赵骧，害羊伊。进攻襄阳，害新野王歆。”张昌起事后，其势力迅速向外扩张：黄林向豫州，马武向武昌，张昌向宛、襄阳，石冰向江州、扬州。王弥起兵后，“寇泰山、鲁国、谯、梁、陈、汝南、颍川、襄城诸郡，入许昌”（《晋书·王弥传》)，纵横于青、徐、兖、豫四州。

3.以流民民变为主(本文中所说的流民民变，指群体中以流民为主，非谓首领必为流民)。西晋末，吏治混乱、八王混战，天灾也连年流行，各地人口大量流亡(白寿彝:《中国通史》)。《晋书·刘琨传》:“流移四散，十不存二，携老扶弱，不绝于路。”流民受本地人排挤，难以生存，便可能发动或参与民变。张昌、王如起事，都得到了流民支持。“时江夏大稔，民就食者数千口”，张昌因此“募众于安陆石岩山”，流民“多从之”(司马光:《资治通鉴》)；王如是京兆新丰人，遇乱流亡至宛，朝廷下诏遣流民还乡，王如不愿归乡，联合流民，举兵反于宛。

4.以掠夺为务。淮河一带地处南北要冲，常为战地，不适合发展生产，自三国以来便十分荒旷(唐长孺:《魏晋南北朝隋唐史三论》)。民变群体中的大多数，平素不是安居乐业之人，又常在各地间流动，难以长期从事农业生产，其辅助性生业也不发达(关于主要生产活动、辅助性生业的介绍，参见王明珂:《游牧者的抉择：面对汉帝国的北亚游牧民族》。此处辅助性生业主要指狩猎、采集与贸易)。就长期而言，民变群体不能依靠生产，满足自己的需要，必须从事其他活动来补足生活所需。相较于其他方式，掠夺成本低、收益高，所以民变群体以掠夺为务。《晋书·张昌传》载:“昌虽跨带五州，树立牧守，皆桀盗小人而无禁制，但以劫掠为务。”《晋书·王弥传》:“弥进兵寇泰山、鲁国、谯、梁、陈、汝南、颍川、襄城诸郡，入许昌，开府库，取器杖，所在陷没，多杀守令。”《晋书·王如传》:“如于是大掠沔汉，进逼襄阳。”掠夺是民变群体获取物资的主要方式。民变群体主要掠夺生活物资〔王明珂把游牧人群的掠夺分为两种不同功能的掠夺：生计性掠夺(subsistence raids)与战略性掠夺(strategic raids)，前者为直接获得生活物资，后者为威胁、恐吓定居国家以遂其经济或政治目的。参见《游牧者的抉择：面对汉帝国的北亚游牧民族》〕，以满足自己的需要。

5.内部易分散。王如集团的事例，能说明这一特点。王如起兵后，庞寔、严嶷、侯脱各起兵应之。王如与侯脱不和，“说(石)勒攻脱”，石勒“晨压宛门，攻之，旬有二日而克”，严嶷发兵救侯脱，“至则无及”(《晋书·王如传》)，遂降于石勒。石勒吞并侯脱、严嶷的部众。此后，王如集团种谷失败，军中大饥，部众互相攻击，西晋军队趁机进攻，将王如的军队击溃。王如军中的两次变乱，使原本实力强盛的群体分崩离析，由此可见民变群体内部易分散的特点。

（二）东晋民变特点

规模小、流动性弱。《晋书·海西公纪》载：

（太和元年）十二月，南阳人赵弘、赵忆等据宛城反，太守桓澹走保新野。慕容暐将慕容厉陷鲁郡、高平。

彭城祆贼司马徽聚党马头山，牢之遣参军竺朗之讨灭之。

《宋书·刘怀肃传》：

（义熙）二年，又领刘毅抚军司马，军、郡如故……其冬，桓石绥、司马国璠、陈袭于胡桃山聚众为寇，怀肃率步骑讨破之。

综合以上，可知占据某山或某城发动民变，是东晋民变的基本模式。民变群体为数百至千余人，规模小；民变发动后，民变群体聚集于民变发动地，很少向外扩张，直至被政权讨灭。

山、城为民变群体提供庇护——魏晋时陆路交通靠车，对道路要求高，而海拔较高的山地是一种天然阻隔，“其地形的阻力提供了免于国家统治的庇护”（[美]詹姆士·斯科特著，王晓毅译：《逃避统治的艺术》）；倚仗城墙可达到坚守的目的，是民变群体自保的重要手段。

以上我们分别讨论了两晋民变的特点。两晋民变特点的不同，是由当时的历史条件造成的，主要是西晋末比东晋更混乱。西晋末，先有“八王之乱”，各地又频发旱、涝等灾害，及随之而来的饥荒、瘟疫，民众大量流亡，流民、胡族相继起事。东晋后期虽有强藩争权，然天下未分崩离析，秩序仍有维持：上游杨佺期的雍州兵、下游刘牢之的北府兵，有澄清局势、恢复安定的潜在作用（田余庆：《东晋门阀政治》）。元兴三年（404）刘裕在京口以次等士族重组北府势力，其掌权至代晋的过程平稳，未给大型民变提供足够的条件和机会。

二、民变群体与两晋十六国诸政权之关系

（一）西晋时期

西晋时期，民变群体与政权有两种基本关系：斗争和短期合作（符合斗争关系的，有张昌群体；符合斗争到部分合作关系的，有王弥群体、王如群体、陈声群体）。

民变初期，民变群体与政权持续斗争。如王弥起事后，民变群体入侵数郡，“开府库，取器杖”，“多杀守令”（《晋书·王弥传》），数月即据有数州，众至数万。西晋政权的对策，是坚守城池或调集军队讨伐民变群体：刘弘、刘乔合击张昌，大破之；司徒王衍据守洛阳，大破王弥军于七里涧。西晋对民变群体的反击，促进了民变群体与政权关系的改变。

民变群体与政权的关系，由斗争变更为短期合作（表现为民变群体暂时归顺某政权，如王弥归顺汉赵刘渊，严嶷归顺石勒，王如归顺东晋王敦），原因可以大致概括为两点：

1.民变群体战事失利或物资紧缺。战事失利让民变群体实力受损，面对被消灭的危机，他们只得暂时归顺政权，当然，这种归顺有虚与委蛇的成分。即使没有被政权直接击败，长期相持也足以拖垮民变群体：如上文所说，就长期而言，民变群体不能依靠生产满足自己的需要，必须从事其他活动来补足生活所需。一般情况下，民变群体利用其流动性强的特点，大范围掠夺周边地区，以此实现自足。但西晋军队与民变群体的长期对峙，会阻碍民变群体的流动，致使其获得的物资数量大幅下降。物资紧缺影响作战，也影响民变群体成员的正常生活，往往导致他们归附政权。

2.政权对民变群体的争取。民变群体每每在万人以上，争取他们的归附，能增强政权的实力，对各政权有积极的意义。严嶷降于石勒，石勒吞并其部众，军势大盛。此外，还有王弥的例子。《晋书·王弥传》载，王弥归顺刘渊，刘渊“闻而大悦”，派遣其侍中、御史大夫郊迎，并“署弥司隶校尉，加侍中、特进”以笼络王弥。刘渊看重的是王弥集团的军事实力。严嶷和王弥的事例，显示了政权争取民变群体的积极意义。

民变群体与政权的合作，通常是短期合作，主要原因是双方彼此不信任，且矛盾重重。《晋书 · 王如传》载王敦语：“此辈（指王如等民变首领）虓险难蓄……不能容养，更成祸端。”王如归附王敦以后，王敦从弟王棱喜爱他的勇猛，将王如留在自己身边。王如本是无事生非的强盗，是难养之人，“数与敦诸将角射，屡斗争为过失”（《晋书 · 王如传》）。而王棱性格急躁，“果不容而杖之（王如）”（《晋书 · 王如传》）。王如深以为耻，在王棱闲暇时，以舞剑为名，径直向前，杀害王棱。王敦收捕王如，杀之。王如和王棱互相猜忌，是引发这次冲突的直接原因。

能说明民变群体与政权彼此不信任、矛盾重重的事例，除前引王如集团外，还有王弥的例子。永嘉二年（308），王弥率军进逼洛阳，为王衍所败，为保全自己，乃归附汉赵刘渊。归附后，王弥与刘渊麾下大将刘曜、石勒都有矛盾，《晋书 · 王弥传》载：

> 弥后与曜寇襄城，遂逼京师……至太极前殿，纵兵大掠……弥之掠也，曜禁之，弥不从。曜斩其牙门王延以徇，弥怒，与曜阻兵相攻，死者千余人……弥谓曜曰：“洛阳天下之中，山河四险之固，城池宫室无假营造，可徙平阳都之。”曜不从，焚烧而去。弥怒曰：“屠各子，岂有帝王之意乎！汝奈天下何！”
>
> 初，曜以弥先入洛，不待己，怨之，至是嫌隙遂构。
>
> 初，石勒恶弥骁勇，常密为之备……弥谓勒曰：“公获苟晞而用之，何其神妙！使晞为公左，弥为公右，天下不足定也！”勒愈忌弥，阴图之……勒伏兵袭弥，杀之，并其众。

刘曜、石勒与王弥本有嫌隙：刘、石二人以为王弥骁勇而难制，对其早有提防。王弥也不善处理人际关系，致使二人对他的猜忌慢慢加深。攻陷洛阳后，王弥自以为功高，纵兵大掠，且对刘曜出言不逊，对石勒自矜功伐，可谓自取灭亡。不久以后，王弥即为石勒伏兵所杀。综上所述，可知民变群体和政权的合作破裂由双方共同导致，这也是西晋时期大部分民变群体的最终结局。

（二）东晋时期

由于历史条件的变化，两晋相比，东晋时期民变群体与政权的互动更紧密，政权对民变的控制力增强。以下的讨论将主要围绕这一现象的三个表现展开。

其一，部分民变为政权直接引发，如司马国璠之乱。司马国璠是晋宗室，河间景王司马昙之之子。刘裕掌权后，“削弱王室，宗门能自修立者莫不害之”（《晋书·姚兴载记》）。为躲避刘裕的迫害，司马国璠先后投奔桓楚余党、南燕、西秦、胡夏、北魏。司马国璠心中怨恨刘裕，作为报复，就对东晋防守薄弱的地区进行长期骚扰。《宋书·天文志》载：

> （义熙二年）二月甲戌，司马国璠等攻没弋阳。
>
> （义熙）四年……七月，司马国璠等攻没邹山，鲁郡太守徐邕破走之。
>
> （义熙）六年……司马国璠寇砀山，竺夔讨破之。

自义熙二年（406）二月至义熙十年，司马国璠先后攻陷弋阳、胡桃山、邹山、砀山，在当地聚众为寇，侵扰东晋周边郡县。义熙十年，司马国璠夜袭广陵城，为广陵相檀祇吓退。为政权直接引发的民变，除司马国璠之乱外，还有桓楚余党之例：桓玄败，其余党桓石绥逃入涂中，盘踞在江淮间。义熙二年，桓石绥、司马国璠等入侵胡桃山。为了配合他们，桓氏余党联系群蛮，作乱于江淮间。

其二，一些民变集团受十六国政权支持，骚扰东晋。这些民变往往发生在特定的时间、地点，例如乞活郭敞降于姚襄之事。永和七年（351），后赵亡，赵将姚弋仲降晋。弋仲卒，子姚襄依父遗命南奔晋，屯驻历阳，广兴屯田、训练将士。扬州刺史殷浩颇为忌惮姚襄，数遣刺客刺之，又派将军魏憬袭襄。姚襄、殷浩结怨。永和九年，殷浩北伐，“使襄为前驱”，襄反而伏兵击浩，“浩惧，弃辎重退保谯城，器械军储皆为襄所掠，士卒多亡叛”（《晋书·殷浩传》）。姚襄渡淮，屯于盱眙，招募流人，众至七万，此时已有叛晋之心。

永和十年二月，桓温自江陵统四万步骑北伐。见东晋国中空虚，姚襄旋即叛晋，遣使降前燕。燕主慕容俊以慕容评为镇南将军，镇洛水，慕容强为前锋都督，进据河南，与姚襄遥相呼应。五月，江西乞活郭敞归附姚襄，朝廷大震。《晋书·姚襄载记》：

> 流人郭斁等千余人执晋堂邑内史刘仕降于襄，朝廷大震，以吏部尚书周闵为中军将军，缘江备守。（关于郭敞与郭斁，据《晋书·姚苌载记》校勘记："据张元济校勘记云，所见另一宋本'斁'字空格，百衲本从殿本补。周校：穆帝纪作'郭敞执陈留内史刘仕'。按：《通鉴》九九从《纪》。堂邑西晋虽曾置郡，不闻曾为王国，何以称内史，疑误。'斁'字当是旧本模糊，故宋本已空格，或本是'敞'字，形近为'斁'。"本文统一采用郭敞之名。）

为什么千余人的民变会造成京师震骇？不仅因为桓温北伐，国中空虚，还因为民变发生地临近东晋赖以自守的长江天险，能够威胁建康。东晋朝廷"以吏部尚书周闵为中军将军，屯于中堂，豫州刺史谢尚自历阳还卫京师"〔《晋书·穆帝纪》。屯于中堂，即东晋、南朝建康城宣阳门外。《资治通鉴·肃宗明皇帝下》太宁二年载："按萧子显《齐书·高帝纪》：桂阳王休范之反，诸贵会议，帝曰：'中堂旧是置兵地，领军宜屯宣阳门，为诸军节度，'则中堂当在宣阳门外。"建康有警，多遣亲贵出屯中堂。太宁二年（324），将讨王敦，明帝"屯于中堂"。隆安二年（398）王恭、殷仲堪之乱，会稽王道子屯中堂〕，巩固京城防务。东晋调兵防守建康，不只为防郭敞，也防备姚襄。然而姚襄并未南进，反倒北归，占据许昌。姚襄在东晋虚弱时投降前燕，郭敞作为姚襄的"先锋"，逼迫东晋调军保卫建康，姚襄趁机北归，进攻防务薄弱的豫州一带，方便了前燕南下攻晋。

其三，一部分民变是政权内外矛盾的体现，反映了东晋大族之争、南北政权斗争等问题。田余庆指出，东晋一朝门阀政治，通常是由两三家当权士族分据内外，相抗相维（田余庆：《东晋门阀政治》）。王、庾、桓、谢等门阀士族与司马氏共天下的格局持续多年，各大族间有合作，也有斗争。《晋书·周札传》载王敦诛杀义兴周氏事：

敦使庐江太守李恒告札及其诸兄子与脱谋图不轨。时莛为敦谘议参军，即营中杀莛及脱、弘，又遣参军贺鸾就沈充尽掩杀札兄弟子，既而进军会稽，袭札。札先不知，卒闻兵至，率麾下数百人出距之，兵散见杀。

义兴周氏宗族强盛，“江东之豪，莫强周、沈”（《晋书·周札传》），王敦深惮之。太宁元年（323），王敦疾，担心周氏在其死后生变，即诬称周氏与道士李脱、李弘勾结，图谋不轨，诛杀众多周氏族人。魏晋时，道教大兴，晋皇族司马氏、大族如王、谢家多有信奉者（晋代皇族对道教之信奉，参见陈寅恪:《天师道与滨海地域之关系》，载《金明馆丛稿初编》。士族对道教之信奉，参见王伊同:《五朝门第》），周氏与道士周旋，何至杀身？

李脱、李弘的行为，已超出正常道教活动的范畴，实际上是一次民变。据《晋书·周札传》记载，李脱“妖术惑众”“自中州至建邺，以鬼道疗病，又署人官位，时人多信事之”，李弘“养徒灊山，云应谶当王”，利用道教为民变积累民众、制造舆论。李弘是道教救世主之名（唐长孺:《史籍与道经中所见的李弘》，载《魏晋南北朝史论丛拾遗》；参见孙英刚:《“太平天子”：中古时代的救世主主义与政治宣传》，载《神文时代：谶纬、术数与中古政治研究》），也是魏晋南北朝时期依靠道教起事的首领常用名，以示“应谶当王”。寇谦之的《老君音诵诫经》：“但言老君当治，李弘应出，天下纵横逆反者众，称名李弘者，岁岁有之。”李脱、李弘的行为，对朝廷而言，是绝对不能容忍的。王敦遂借镇压李脱、李弘之名，打压义兴周氏。通过这次民变，我们可以隐隐地看出东晋大族之争的残酷。

民变除反映了东晋大族之争，还是南北政权斗争的组成部分。如赵弘、赵忆之变是前燕与东晋军事斗争中的重要环节。《晋书·慕容暐载记》：

先是，晋南阳督护赵弘以宛降于暐，暐遣其南中郎将赵盘自鲁阳戍宛。至此，晋右将军桓豁攻宛，拔之，赵盘退奔鲁阳。豁遣轻骑追盘，及于雉城，大战败之，执盘，戍宛而归。

太和元年（366）十二月，晋南阳督护赵弘、赵忆据宛城反，投降前燕，燕遣赵盘戍守宛城。二年五月，晋右将军桓豁与竟陵太守罗崇反攻宛城，克之，俘赵盘。

进据宛城是前燕的重要军事行动。慕容儁称帝后，前燕与东晋持续爆发战事。慕容恪辅政时，分遣诸将，前后攻陷洛阳、荥阳、许昌、悬瓠诸地（王仲荦：《魏晋南北朝史》）。太和二年，又破鲁阳、高平。南阳去鲁阳不远，成为前燕的进攻目标。赵弘、赵忆恐，不战而降，前燕遣赵盘进据宛城，直接威胁东晋荆州北部地区。至太和二年四月，前燕持续攻晋，兵锋已至荆州之竟陵。

东晋攻宛，是燕晋战事的转折点。太和二年四月，燕太宰慕容恪病卒，前燕旋即停止攻晋。而此时东晋桓温大权在握，希望通过北伐提高自己的声望，以便嬗代。慕容恪卒，桓温认为前燕朝中无人，有图燕之计，五月即派遣桓豁、罗崇反攻宛城。此后，直至太和四年桓温北伐之前，东晋对前燕由守转攻，前燕谨守国土，不敢轻举妄动。

综合以上，可得两点认识：1.西晋时期，民变群体与政权有斗争与短期合作两种基本关系；2.两晋相比，东晋时期民变群体与政权的互动更紧密，政权对民变的影响增强。

三、结论

古代的农民起义或农民战争，是封建王朝社会矛盾的直接体现，历来是学界关注的基本问题。魏晋南北朝时期的农民起义，由于阶级矛盾、民族矛盾和宗教因素的介入，呈现出新的面貌。

两晋时期，淮河流域是民变的高发区。淮河流域地理位置重要，其得失影响政权安危，所以受到南北政权激烈争夺，围绕该地的冲突与斗争不断。受战乱的影响，两晋时期淮河流域的农业生产停滞不前，社会秩序被扰乱，民众也难以安居乐业，一部分民众还成为流民、盗贼，不时发动或参与民变。在水、旱等自然灾害严重或政权强行征发民众为兵时，民变就更容易爆发。

综合两晋民变的基本史实，可以概括两晋民变的特点：西晋民变规模大、流动性强、以流民民变为主、以掠夺为务、内部易分散；东晋民变规模小、流动性弱。

受生存需要和现实利益驱使，两晋民变群体与政权进行博弈，各式的博弈组成双方错综复杂的关系，这种关系异于大一统时代“编户齐民”式的统治与被统治，会随历史条件的变化而时常改变。西晋末，张昌、王弥、王如等民变首领周旋于西晋、前赵、东晋诸政权间，时而与某政权斗争，时而与另一政权合作。与西晋相比，东晋时期，民变群体与政权的互动更紧密，如前燕通过“遥控”乞活郭敞在特定时间、地点起事，精准打击东晋。同时，民变也拥有了更深刻的内涵：道士李脱、李弘聚众灊山，成为王敦打击义兴周氏的借口，反映出东晋大族相争的残酷；看似平常的宛城争夺战，实际上是燕晋战事的转折点。

尽管我们现在可以置身事外，叙述两晋时期在民族上、文化上对中国历史的重大意义，但对于时人来说，他们所能感受到的只是不断的战争与杀戮（何德章：《中国经济通史》第三卷）。民众被强行征调，投身战场或为战争服务。张籍《永嘉行》：“紫陌旌旛暗相触，家家鸡犬惊上屋。妇人出门随乱兵，夫死眼前不敢哭。”时人的苦难真实而深刻。面对战乱，民众或择险屯守，或保聚异乡，或迁到江南，成为佃客、部曲，或加入民变群体，每种选择对应不同的生存之道，在时人眼中，自己的选择就是“最优解”。民众的各种选择，是其对乱世中种种“刺激”的及时回应。

两晋时期淮河流域民变是时代的产物，也受时代局势的影响。从西晋末到东晋，随着社会和国家趋于稳定，往往与乱世相伴随的民变，也逐渐式微：东晋民变的规模、流动性远不如西晋民变；东晋民变也牺牲了部分自主性，与政权的联系更紧密。这一趋势持续到南朝，刘宋以后，民变逐渐减少。在两晋到南北朝再到隋唐大一统王朝的重新建立这一由乱到治的过程中，政权采取多种措施收拢流人、安抚民众，部分矛盾得到解决，民众逐渐被纳入国家体系之内，成为安居乐业的农人，为新兴的国家持续提供人力资源和物资。总而言之，由揭竿而起到铸剑为犁，不变的是民众对生存的需要。

（作者单位：山东大学尼山学堂）

典签是魏晋南北朝时期地方属吏之一种，起初为典掌文书的小吏，后主要负有监察职能。

南朝典签干预地方军政事务考述（上）

许书乐

典签是魏晋南北朝时期地方属吏之一种，起初为典掌文书的小吏，后主要负有监察职能。其官职低微，不入品流，乃至记录南北朝历史的“八书”之《百官志》《官氏志》等，对典签一职均乏记载。然而，典签在南朝时期权力一度膨胀，甚至于达到“威行州郡，权重藩君”（《南史·齐武帝诸子巴陵王子伦传》）的程度，这一特殊历史现象，引发了古往今来诸多学者的关注。赵翼在《廿二史札记》中有“齐制典签之权太重”条，最早注意到这一问题，自此之后，关于典签的研究成果相继涌现。

20世纪50年代，严耕望先生在其长文《魏晋南朝地方政府属佐考》中，曾专门谈及典签官，并将此职归入“军府佐”系统。80年代，周兆望先生作《南朝典签制度剖析》一文，论述了典签的产生背景，其制度沿革、南朝至隋唐的兴衰变化，并极斥典签之弊。紧接着，徐茂明先生发表《试论南朝典签》一文，重点探讨了典签权重的历史原因、典签在南朝政治系统中的地位两个问题。

21世纪以来，对于典签的研究日臻完善。高敏、张旭华《南朝典签制度考略》一文，考证了典签的类别和选用、详论典签职权、谈论典签与南朝政治的关系，并总结典签制度的利弊，是针对典签制度最为完备的论述。唐春生《南朝宗王属吏研究》一文，以较多笔墨对南朝典签作了详尽考述。唐先生对典签研究作出的突破性贡献，主要表现为“弟系诸王府的典签之权重于子系诸王府典签”“齐武帝对典签权威的纠偏”“宗王不必依赖行事的年龄推测”三项研究和发现，进一步完善了人们对典签的认识。

对于典签问题的研究，前人贡献了丰硕的学术成果。综观上述论著，人们对于典签活动的考察，多集中于探讨典签和皇帝、宗王、地方长官的关系；也有学者着重研究典签制度，考察签官沿革、探究签官权重原因等。然而，见诸记载的典签活动中，签官除了实行监察、在中央和方镇间来回辗转外，他们作为地方政治体系中的一员，对地方上的活动也有积极参与，并对地方事务产生了重大影响。

考察南朝时期典签的地方活动史实，签官活动案例众多、类型丰富，涉及行政事务、军事事务等领域。但就“典签地方活动”这一角度，目前还缺乏专门的论述，相关的史料也常常是较受忽略的。因此，本文将围绕“南朝典签参与地方活动”这一话题进行考察，尽可能全面地对典签地方活动进行整理、分析和归纳；另外，本文还将从典签本身角度出发，探究典签群体的共性特点，以及这些特点对其活动的影响和塑造。

一、典签概述

典签非南朝独有，然其在宋孝武帝改革典签制度之前，仅为州府的普通属吏，未有威行州郡的权威。典签一职的沿革，前辈学者们的相关研究中已多有讨论，然为下文行文方便，仍需在此对典签的职权、历史等情况作一简要介绍。对于有争议的问题，则以注释形式，存录诸说备览。

其一，典签的起源和早期职责。典签职卑，于南朝诸史《百官志》中均失载，关于南朝典签早期情况，学者多引《南史·吕文显传》中云：“故事，府州部内论事，皆签前直叙所论之事，后云谨签，日月下又云某官某签，故府州置典签以典之。本五品吏，宋初改为七职。”可知典签最先是典掌公文的小吏。不仅宗王有典签，刺史等亦有典签。此时典签多为府主亲信，职主呈事和出纳教命，有时受府主差遣传话等。

其二，宋孝武帝之后，典签制度的变化和权力的膨胀。宋孝武帝刘骏之后，典签的职能和权力为之一变。刘骏本人起于方镇，以第三皇子身份入主皇权，因此他即位后，对宗王极为戒备，着重加强对宗王权力的控制。为防宗王分权，孝武多以幼王出镇，政务委派行事代为处理；同时，设立典签以事监察，定期“还都启事”，汇报宗王和地方长官的情况。另外，此前，典签多为府主亲信之臣，例如孝武起事，就得益于身边典签戴法兴、戴明宝、蔡闲三人的谋划。为防止典签和宗王相互勾结，自孝武帝始，典签起用寒人担任，并由皇帝直接委派。

其三，典签权重概况。“自宋孝武帝刘骏后，随着各州镇普遍设置典签，典签还都启事渐成定制”〔高敏、张旭华：《南朝典签制度考略（下）》〕。典签一年数次入朝，向皇帝汇报方镇情况，此外典签官还具有密启奏闻的职能。上述职能使得典签能够直接影响地方官员的升迁任免，府州长官无不惮其淫威。此外，典签对诸王的监管极为严格，宗王行止坐卧皆不得自专。自孝武而后，典签之权畸重，至有签帅、主帅、典签帅之称。但如有宗王谋逆、典签未及时上报者，典签同样会受惩处。帝王对方镇猜忌如此，签官亦竞为刻薄。降至萧齐，宗室相残，典签甚至多次在其中充当刽子手的角色，奉命屠杀诸王。

典签于宋、齐时期权力达到鼎盛，由于其弊日显，统治者开始对之采取控制措施，故典签在梁、陈时期权力远不如宋、齐。典签的衰落问题与本文关系不大，不再赘述。

典签至南朝之后权力萎缩，渐渐又退回到原先文书吏的地位。可以说，南朝是典签权力的鼎盛时期，也是典签在地方政治舞台上最为活跃的时期。上述内容即为南朝典签的概况，典签的起源、职权等问题，下文分析地方活动时会提及，因此笔者用这一段篇幅进行说明。

二、典签参与地方军政事务考析

典签早期为地方属吏，后演变为地方监察官。除刘宋前期的一段时间外，整个南朝时期，典签基本是以后者的身份进行种种活动，扮演沟通地方和中央的枢纽角色，服务于中央集权和君主专制。然而本文所考察的典签活动，不包括典签在方镇和朝廷间的穿梭；讨论的核心，是典签以地方为活动场所所进行和开展的一系列活动，主要包括“干预地方行政事务”“参与地方军事活动”两类。现综合相关材料，逐一进行考察和分析。

（一）典签干预地方行政事务

南朝典签对地方政务造成极大干涉，其干政事例常被引以为南朝典签权盛的明证。典签监察方镇和还都启事的职能，为典签权力的膨胀提供了沃土，使其逐渐在府州享有说一不二的地位；这一过程，在《南史·吕文显传》中表述为：“典签递互还都，一岁数反，时主辄与闲言，访以方事。刺史行事之美恶，系于典签之口，莫不折节推奉，恒虑不及。于是威行州郡，权重蕃君。”揆诸典签干涉地方政务事例，可分为三种类型：干预大小事项的决策，操控府州人事任免，以及对枢密事件的传达。

其一，典签影响地方事务决策。孝武帝后至南齐时期，随着典签权力的膨胀，其决策大小事务的现象非常普遍。举例言，《南史·吕文显传》载宗悫为豫州刺史，“悫刑政所施”，其典签吴喜公“每多违执”，参照宗悫治豫州时间，此为孝武帝孝建年间事（454—456）。萧齐时，长沙威王晃“每陈政事，辄为典签所裁”（参见《南史·齐高帝诸子长沙威王晃传》）。然考察史料，典签掣肘决策的现象并非始于孝武之后，而在刘宋前期就已经出现，现就《宋书·张畅传》所载一例进行分析。

元嘉二十七年（450），北魏皇帝拓跋焘侵宋。后焘撤军，自江夏王刘义恭镇守的彭城下过，声称麦熟再来。麦熟之期将至，恭与众人商讨对策，表决是否“芟麦剪苗，移民堡聚”。张畅等进议，不赞成此举，时“镇军府典签董元嗣侍世祖（指刘骏，当时为武陵王）侧”，随声附和，别驾王子夏随董后附和。张畅当即欲弹奏王子夏，曰：“芟麦移民，可谓大议，一方安危，事系于此。子夏亲为州端，曾无同异，及闻元嗣之言，则欢笑酬答，阿意左右，何以事君。”王、董皆惭。王子夏为州官之首，不与谋划，反附和典签之言，引起张畅极度不满。虽然张出言指斥，然而这一现象还是反映出，早在孝武改革典签制度前，已经开始出现典签凌驾州官的现象。董元嗣的站位，体现出其殊于常人的幸臣地位，王子夏出于对宗王刘骏的敬畏，不敢先言也是正常的。徐茂明先生认为，典签地位在刘宋初年的迅速上升，即成为府主左右亲信的历史事实，是导致后期典签演变成帝王耳目、权重一方的重要原因

（徐茂明：《试论南朝典签》）。

其二，典签涉足人事任免。《宋书·颜师伯传》载，武陵王刘骏镇守寻阳时，求以颜师伯为南中郎府主簿，“太祖不许，谓典签曰：‘中郎府主簿那得用颜师伯。’”查世祖刘骏本纪（《宋书·孝武帝纪》），其于元嘉末转任南中郎将，同时兼江州刺史，镇守寻阳，在今江西一带。此典签很可能是刘骏为请用颜师伯一事，专门差遣进京的。典签作为属吏受府主差遣传话、请示之事常有，已在概述中提及。高敏、张旭华《南朝典签制度考略》一文认为，这条记载是典签“还都启事”的较早例证，至迟宋文帝元嘉末年典签已具备此职能，只是尚未成为定制而已。

除启事外，该事件中值得关注的还有太祖的反应。从太祖言语看，如果面对的仅仅是负责请示的普通属吏，太祖可不必向其表明好恶，批复即可。然细观太祖此举，太祖听完典签呈事，对着典签说，“中郎府主簿哪能让颜师伯当”，除去感叹外，似乎还有种抒发议论、表明态度给对方即典签听的意味。颜师伯是近幸之臣，很得武陵王刘骏喜爱，刘骏甚至特意为其官职向父亲请许。严耕望先生研究“府主簿”一职时曾引此例，认为府主簿虽然地位不高，但是个亲要之职，朝廷对此职也较为重视、不轻易除授（《魏晋南朝地方政府属佐考》）。关于太祖不用颜师伯的原因，其一颜师伯出身低微，其二只是唯诺取容的幸臣，太祖可能是出于这两点考虑，否决了刘骏的请示。刘宋前期，典签多为府主亲信，太祖向其表示颜师伯不堪用，一则是要典签将自己的态度带给刘骏，二则可能也暗含典签作为刘骏身边近臣，有义务提点刘骏、勿让其用巧佞之人的意思。然而，后者只是一种推测。但是，无论太祖有无此意，这一事件都反映出，典签在地方人事任免上，起到了一个居中传达的枢纽作用。

由此可见，在典签权寄未重的刘宋前期，签官已经有可能以宗王亲信的身份，参与到宗王出镇地的人事任免活动中。刘宋中后期典签“递互还都，一岁数反”（《南史·吕文显传》），府州官员升迁任免，无不受其操控。《南史·齐武帝诸子传》载：“竟陵王子良尝问众曰：‘士大夫何意诣签帅？’参军范云答曰：‘诣长史以下皆无益，诣签帅便有倍本之价，不诣谓何！’子良有愧色。”（《南史·齐武帝诸子巴陵王子伦传》）典签权重，竟至于府州上下竞相讨好典签，以为仕进之门。又，典签还能约束府州其他僚属。《宋书·海陵王休茂传》载："时司马庾深之行府事，休茂性急疾，欲自专，深之及主帅每禁之，常怀忿怒。左右张伯超至所亲爱，多罪过，主帅常加呵责，伯超惧罪，谓休茂曰：'主帅密疏官罪过，欲以启闻，如此恐无好。'"据严耕望先生的研究，此处"主帅"即典签。(《魏晋南朝地方政府属佐考》)张伯超为海陵王亲信，典签亦有权对其加以管教和呵责。由此看来，刘宋中后期以后，典签对地方人事任免的广泛干涉，比之刘宋前期的侧面影响，俨然是另一番情形了。

其三，典签传达枢密事宜。《宋书·蔡兴宗传》载，王玄谟以都督及青州、冀州刺史征为领军将军，颇有威名，受到前废帝忌恨。王玄谟心中忧惧，派遣典签包法荣往蔡兴宗处，蔡兴宗让其代为转达劝玄谟起事之意。起事为机密要事，而王、蔡放心地让包法荣来回其间，其见信任可知。又据《南史》，侯景之乱时，邵陵王纶的次子萧确羁留侯景军中，因勇武受到侯景赏识；"(萧)纶遣典签唐法隆密导(萧)确，确谓使者曰：'侯景轻佻，可一夫力致。确不惜死，欲手刃之。卿还启家王，愿勿以一子为念。'"(《南史·梁武帝诸子邵陵携王纶传子确附传》)萧纶让典签秘密引导萧确杀死侯景，萧确让其回去告诉父亲勿以儿子为念，同样为典签传达机密事件的案例。要之，典签可以知情府州机密事件，并穿插其间发挥重要作用。这也是典签参与地方政治活动的一个方面。

典签干涉地方政务的史实，是典签自主参政活动中最受到关注的部分，也常被指为典签在地方作威作福的典型案例。有些典签倚仗府主近臣身份，参与机密事件讨论和重大事项决策；有的随意掣肘府州事务，左右一方人事任免。从上述《张畅传》《颜师伯传》等案例可以看出，典签干涉地方政务并非刘宋中叶以后才开始出现，典签本与府主亲近，这使其已经能够一定程度上参与或影响地方事务；后期典签受皇帝委派，不再附属于府主，因而能够凌驾宗王、州官，操控府州大小事端。典签干政的程度，经历了一个由微而渐的过程，然其以帝王将相亲信之臣干政的特点，则是一贯而来的。

除了上述三个方面外，典签涉足地方行政事务，还包括少量受命进行地方治理的案例，兹见于以下例：

《南齐书·武十七王竟陵文宣王子良传》：建元二年（480），萧子良任丹阳尹，治理地方，上表言“近启遣五官殷沵、典签刘僧瑗到诸县循履，得丹阳、溧阳、永世等四县解，并村耆辞列，堪垦之田，合计荒熟有八千五百五十四顷”。

《南史·吕僧珍传》：（梁）文帝为豫州刺史，以（吕僧珍）为典签，带蒙令。

《梁书·吕僧珍传》：永明九年（491），雍州刺史王奂反，敕遣僧珍隶平北将军曹虎西为典签，带新城令。

例一为典签奉命考察各县事，例二、三为典签任县令主管一县政务事。两例都是典签受到府主差遣，进行的地方治理行为。宋孝武帝后典签虽职主监察，然也常见受差遣去办职务之外的事情。上述两例是受命进行地方治理，另例《南史·始兴简王鉴传》载，永明二年（484），齐武帝派萧鉴为益州刺史，萧鉴听说原益州刺史陈显达正在大选猛士军马，不肯应征入朝，“乃停新城十许日，遣典签张昙晳往观形势”。从典签出差案例可见，典签本质上还是府州的属吏，有义务应府主要求办差。

另外，典签在干预行政事务过程中产生的贪腐现象，同样值得关注。例有南齐永明间“典签何益孙赃罪百万”（《南齐书·萧惠基传弟惠朗附传》）；南齐西阳王子明典签刘道济“取府州五十人役自给，又役子明左右，及船仗赃私百万”（《南齐书·沈宪传》）；梁武帝时“典签陈保印侵克百姓”（《南史·梁宗室南平元襄王伟传》）等。三人虽然都受到严厉惩罚，何益孙征还，后二者弃市或赐死，然而上述案例还是反映出典签在地方存在严重贪腐情况。总体来说，南朝吏治呈现腐败局面，在这样的环境下，典签亦不能独免；关于典签的贪腐问题，在第三部分还会予以讨论。

（二）典签参与地方军事活动

如前所述，典签最早的职责是掌管文书。史籍中早年经历可考的典签，也多以文书吏释褐（关于典签早期经历的情况，将在第三部分列表叙述）。典签文吏，本无军权，然此处将“典签与地方军事”单独列为一个次标题，是因为史料中确实不乏可见典签涉足地方军事的案例，且颇有可分析的空间。

笔者现通过刘宋时期的一个案例展开论述。

宋前废帝刘子业昏庸无道，江州长史、行事邓琬以废昏立明名义，发檄四方讨之，并计划拥立孝武帝第三子刘子勋为帝。然湘东王刘彧先其一步完成废杀之举并登基，史称“宋明帝”。邓琬等不承认刘彧的帝位，协同袁顗及诸王等，于明帝泰始二年（466）拥立刘子勋登基，年号义嘉。这一事件史称“义嘉之难”，其中涉及多名典签。

一是晋安王刘子勋典签谢道遇。前废帝要杀子勋，谢等听说帝赐给刘子勋毒药，向行事邓琬泣涕请计，后随邓琬等举兵，职号为“奉朝请领中舍人督战”，兵败被杀。二是邵宰、阮道预二人，同为临海王子顼的典签，临海王为邓琬同盟之一。二人先是随邓琬一同拥立刘子勋，后见事不偕，欲遣散征集来的壮丁，向朝廷投降认罪，却被官军杀死。三是典签范道兴、冯次民，范亦为临海王典签，冯为安陆王子绥典签，二王俱随邓琬起兵，然二典签拒绝与邓合作，被杀死，死后获明帝追封（以上诸典签及其事均见《宋书·邓琬传》）。

上述三组典签中，谢道遇为刘子勋典签，也是义嘉之难最早参与者之一。据《宋书·邓琬传》载：“赭圻城陷，斩伪宁朔将军南阳太守沈怀宝、伪奉朝请领中舍人督战谢道遇，纳降数千。”此条记载透露了两个信息：一是谢在军中有职号，二是其手下有兵员。察其职号，“伪”为书史时不承认刘子勋正统地位所加；“奉朝请领中舍人”，按《通典》，奉朝请为赐予闲散官员的职位，无实际职事，入朝会请召而已，中舍人为太子属官，负责掌管太子宫中文翰，二职与刘子勋军中事务无关，当为谢在义嘉朝廷中担任的官职。但从谢“督战”头衔，以及其死后手下投降数千的情况来看，当时南阳太守沈怀宝率领了一支军队，谢虽然只是“督战”，但与沈并为该军长官。

邵宰、阮道预，同样加入刘子勋军，欲归顺朝廷，未果而死。此前“道预、邵宰即与刘道宪解遣白丁，遣使归罪”。史书未载二人在军中是否担任官职，仅能获知二人插手了兵员管理事务，遣散兵丁。

范道兴、冯次民，二人因拒绝和叛军合作，被邓琬杀死，据此可见二人有一定的影响力，然未足以证明二人有军事权力、拒绝效力而被杀。义嘉之难发生于宋孝武帝改革典签制度之后，此时典签主要负有监察和还都启事的职能，邓琬等应当是害怕二人向朝廷告密，故将其杀死。但范、冯之事，还有可以探究的地方。

其一，在义嘉之难平定后，刘彧下诏抚慰和追封殉职者，其中言“前镇军参军督护范道兴”参军督护一事，值得商讨。其二，范道兴为前军典签，冯次民为后军典签。按照高敏、张旭华《南朝典签制度考略》一文，二人当属于将军府典签一类。将军府、军府典签，因府主职主军事，同样有可能参与军事活动。

关于其一，范道兴本为典签，然诏书中却称之为“参军督护”。考之南朝史籍，典签转任参军督护已有旧例。宋孝武起事时，亲信典签戴法兴、戴明宝、蔡闲三人，“俱转参军督护”（《宋书·恩幸戴法兴传》），并为孝武谋划。据严耕望先生的研究，魏晋南朝时期，督护一职，“临时差遣督护以事征伐……后乃演为官称”；东晋及宋，“诸公府置参军督护”，宋参军督护无部曲；又言“宋诸州军府亦置参军督护，地位甚微，而职甚亲要，盖伺察之任”，此条盖就戴法兴、梁显、宗越迁转之迹总结而出，皆职卑属吏转任参军督护。（以上研究参见严耕望：《魏晋南朝地方政府属佐考》）要之，其一，参军督护因兵事临时任命；其二，典签任参军督护，虽然不能领兵，也不涉及军事权力，但因于主帅关系亲近，在军队中具有一定的话语权。

有时典签非必通过转任军职参与军事活动，刘宋宗室内乱中，常常可见典签居间行动，并影响军事行动的决策和走向，上述邵宰、阮道预即为此例；又如刘子勋反时典签沈光祖亦参与效力（参见《宋书·列传第六十·自序》），后废帝时桂阳王刘休范反，与典签许公舆密谋（参见《宋书·文五王桂阳王休范传》），另有抚军典签茅恬为刘休范军开门（参见《宋书·后废帝纪》），等等。此外，典签作为府主近臣，在战争中有保护府主的义务，如上引《邓琬传》中明帝刘彧派军平叛，要求不得伤害四王，令四王“左右主帅，严相卫奉”：此处主帅即典签，受命保护宗王。综上可见，宗室内乱时，典签或以府主幸臣身份居间谋划，或因幸臣身份在其间发挥作用，而被卷入和参与到军事行动中。

关于其二，军府、将军府典签与军事活动。除参与王室斗争染指军事活动之外，典签有可能也因府主职务的特殊性，而偕同府主参与军事行动。据严耕望先生的分类，典签属于魏晋南朝地方属吏之“军府佐”系统：“东晋、宋、齐、梁、陈”，干戈日寻，“州刺史多加将军之号”，开府置佐，是为军府，而原先又有一套州吏系统，所以“军府刺史有州佐、府佐两系统”（严耕望：《魏晋南朝地方政府属佐考》）。据高敏、张旭华二先生的研究，南朝“上至王府、公府、开府将军，下至军府、州府乃至丹阳尹”〔《南朝典签制度考略（上）》〕，皆设有典签，典签并非只有军府属佐一种；文中举后废帝时期桂阳王刘休范反叛例，“抚军典签茅恬开东府纳贼”（《宋书·后废帝纪》）。茅恬的官职，在《南齐书》和《建康实录》中另有“车骑典签”“护军典签”两说，上述“抚军”“车骑”“护军”均为将军号，茅恬属将军府典签一类。联系上文提到的前军典签范道兴、后军典签冯次民，前军、后军同为南朝将军之号，二人亦为将军府典签。

军府典签虽然不直接掌有军权，但是作为府主亲信，会跟随府主参与军事行动。孝武帝刘骏之后典签虽常由皇帝委派，但也有府主自行辟用典签之例，如宋湘东王刘彧典签王道隆（参见《宋书·恩幸王道隆传》）、齐丹阳尹萧顺之典签吕僧珍（参见《梁书·吕僧珍传》）等；另有如宋领军将军王玄谟典签包法荣（参见《宋书·蔡廓传子兴宗附传》），受何人任命未知，但俨然为府主亲信，参与传递机密要事。作为府主的亲信之臣，典签会随府主迁转前往不同地方，如刘骏的典签董元嗣、戴法兴等，都随刘骏迁转出镇不同地方（参见《宋书·恩幸戴法兴传》）。范道兴死后宋明帝下诏追赠官职，言其为帝旧日僚属，曾随明帝“经从北籓，徒役南畿”（《宋书·邓琬传》），即近臣随府主参与戍守、出镇任务的例证。又如《南史·吕僧珍传》载，梁文帝为豫州刺史时，吕僧珍任其典签，帝迁领军将军后，“祆贼唐宇之寇东阳，文帝率众东讨，使僧珍知行军众局事”（《南史·吕僧珍传》）。吕僧珍随府主职务变动而迁转，时吕虽已补为主簿，但从中也可见府主所在地用兵、近臣会受命处理军务这一史实。

典签参与军事行动过程中，是否曾发生过直接执掌兵权的事件，因史料不足尚无法考证。然综上情况而言，典签不论是因加入宗室内乱涉足军事，还是因隶属将军府、军府，随同府主进行戍防任务涉足军事，皆是以府主近幸之臣身份得到了参与军事活动的机会。

（三）总结

通过对典签参与地方活动现象的分类考察和研究，现作出以下总结：

第一，典签参与地方活动，具有广泛性、深入性的特点。典签参与的活动既有职权之内也有职权之外，职权之内的活动较少，包括以亲信身份为府主效劳，或处理一些地方政务等事。而掣肘府州政务、垄断人事任免、参与宗室内斗、横事聚敛财富等，都属于典签在其职权之外所进行的活动；这些活动属于典签自身主导下进行的，充分体现了典签强烈的参政意识和参政主动性。

第二，典签很少做实事，大部分活动为弄权行为，借助权力为自身牟取经济利益和政治利益。除去少量参与地方治理的事例外，其余的活动，皆无裨于民生。相反，典签在府州威福自己，使官不能司其职位，扰乱地方行政体系，也造成府州吏治进一步败坏。

第三，上述典签参与地方活动的案例中，有一个值得关注的特点，即典签的活动，离不开幸臣这一重身份。典签以成为幸臣作为进身之门，他们的权力大小取决于帝王恩幸多少；同时，典签也善于利用自己的幸臣身份，极力谋求恩幸。要而言之，幸臣、恩幸，构成典签活动的核心词汇，影响着典签的为官态度和行事方法，而后者又主导和塑造了典签的种种地方活动。

上述内容即为典签参与地方活动的案例研究。关于典签地方活动的影响因素，将在下一部分内容中展开探讨。

（作者单位：山东大学尼山学堂）

揭帖是一种古代的文书类型，用作政府公文的揭帖大致产生于宋朝，在后世政府公文体系当中承担了众多功能。

清代公文揭帖功能研究（上）

彭 靖

一、引言

揭帖是一种古代的文书类型，用作政府公文的揭帖大致产生于宋朝，在后世政府公文体系当中承担了众多功能。揭帖最初得名于其报告财政收支的功能（童昭彦：《古代文书“揭帖”考》）。“揭”字有“举”的含义。《说文》：“揭，高举也。”“帖，帛书署也。”《通雅》：“宋元丰中诏中书，例写一本，纳执政分，令诸房揭贴，谓揭而贴之，古贴帖通用，世说以如意帖之是也，今人因有揭帖之名。”宋苏辙的《栾城集·论衙前及诸役人不便札子》提道：“诸路收到助役钱……候岁终除支外，尚有宽剩钱数，令封桩房置簿，候诸路申到数目揭贴。”可见宋朝时揭帖已经被用于记录每年财政盈余，以便实行封存剩余资金备于紧急之需的封桩制度。元代，揭帖延续了财政报告的功能。《京畿都漕运使善政记》：“收支之数，有所勘会。止从本司揭帖图账申报，无烦文也。”到了明代，“揭帖”成为一种正式的上行公文名称。《辞海》：“明制，内阁直达皇帝的一种机密文件。其后使用渐广，凡公开的私人启事也称揭帖，其不具名而有揭发性质者称为匿名揭帖。”起初是阁臣直呈御前的秘密报告或者谏言。《明史·职官志》：“中极殿大学士……掌献替可否，奉陈规诲，点检题奏，票拟批答，以平允庶政……下之达上，曰题，曰奏……曰揭帖……平允乃行之。”后来其内涵逐渐扩大，各级官员之间的上行文书、其他文书的说明性附件乃至题奏副本档案均可称作揭帖。

目前，国内对公文揭帖的专门研究主要集中在总结其产生发展过程上，部分研究聚焦于揭帖的社会舆论作用。有学者梳理介绍了历朝揭帖的使用情况，考证揭帖在发展演变过程中曾发挥过机密文书、呈文附件、私人信函等多种作用（童昭彦：《古代文书“揭帖”考》）。断代研究主要集中在明清两朝。有学者详细梳理了公文揭帖在明代的功能包括朝廷发布信息、大臣秘密进谏、题奏副本、官署平行文等，分析了密揭的政治影响（展龙：《揭帖：明代舆论的政治互通与官民互动》）。还有学者对清代公文揭帖作为上行文书和随本副本的功能和形制格式进行了总结（赵彦昌：《明清揭帖考》）。古代秘书工作和政府公文的综合性研究当中也对公文揭帖的功能进行了梳理和介绍，主要介绍其作为题奏副本的缮写与运作模式（参见《清代档案丛谈》《中国公文发展简史》《中国档案史专题研究》等）。此外，杨剑宇的《中国秘书史》介绍了揭帖在明代有作为密奏和政府布告的功能。裴燕生的《历史文书》当中对于清代公文揭帖作为检举文书和履历职揭的功能进行了梳理。清代公文揭帖的已有研究主要聚焦于其作为题奏副本的功能上，并且对公文揭帖在政府公文体系当中的作用效果与特殊地位少有提及，本文将在前人研究的基础上结合内阁档案史料对清代公文揭帖的功能进行补充，并且通过具体案例探究揭帖如何在清代政府信息流通体系当中发挥作用。在研究方法上，将结合部分组织传播理论对清代揭帖的传播模式和作用效果进行分析。

二、清代公文揭帖的作用

清朝在延续明朝公文制度的基础上进行了改造，揭帖的功能也发生了变化。徐师曾在《文体明辨》当中说：“上下通用者曰揭帖。”明朝的公文揭帖对内而言是内阁六部乃至地方官员使用的上行文书，对外则是朝廷议事理政发布讯息的下行文书，即用于揭疑的公告“揭”。作为上行文的揭帖可以用于对皇帝进谏答问、汇报财政收支、秘密监察弹劾、录报官员任免优劣情况乃至于奏报占候天象等多种场合。（展龙：《揭帖：明代舆论的政治互通与官民互动》）明朝拥有上揭权的官员范围很广，上至中央阁臣六科，下至地方百官都能上揭言事。作为下行文的揭帖则被用于朝廷发布会议、工程、司法等信息，宦官也用揭帖传令干政。有时，揭帖也是中央各部互通信息的平行文书，面对关涉多部的事务，内阁往往揭请会同相关部院一起探讨。揭帖的功能在晚明发生变动。南京兵部尚书熊明遇言："一本必奏启副三件、阁揭五六通，传写便需数日。"（《明清史料·乙编》上册）可见当时已经产生了作为章奏副本的揭帖。万历之后党争日益激烈，揭帖尤其是密揭往往成为士人互相攻讦甚至污蔑构陷的工具。因此，明中后期朝廷着力限制揭帖的使用，但是效果有限。清吸取前朝教训，公文揭帖的功能被大幅度简化，直呈御前的密揭被密题、密奏等取代。

（一）揭帖的主要功能：随本揭帖

清代，作为政府文书的揭帖在沿用明制的基础上大为简化，多数情况下揭帖作为题、奏的随本副本使用，属于平行文书。题、奏是清代通行的两种上行官文书，题本用于报告政府公务，奏本用于报告官员个人事务。清初，京外各省官员向中央通政使司投送题本奏本时需要同时附上副本揭帖若干份。《大清会典事例》通政使司卷按语中"公车令总领天下上事，当必先受之，以送尚书，如今本章送阁之比，则公车令正如今之通政使司，而所谓副言三公府者，乃如今之揭帖耳"，说明了这种揭帖作为本章副本送往其他相关部科的性质。题本正本到通政使司进行校阅后转交内阁、上呈皇帝，随本揭帖除了一份存通政使司备案以外，其他则于送本次日发提塘官投送至相关部院和六科。雍正七年规定："令各省题奏本章均增揭帖一通，送馆（按：起居注馆）记注后移交内阁收贮。"（《大清会典则例》）在六科之外又增加了一通揭帖送往起居注馆作为写作参考，记录后仍送回内阁储存。同年规定："各省督抚题奏事件，例有副本送通政司，嗣后应令一并送阁。"（《清世宗实录》）原本留存通政使司的副本也和题奏本章一起送往内阁后，导致通政使司没有奏章内容备案，无凭查核。于是十二年又规定："嗣后直省本章除正本副本外，亦照各部院之例，随本开具揭帖，送司存案。"（《大清会典则例》）增加随本揭帖一份留通政使司存案。

在实际的运作过程中，随本揭帖的数量有时会因为关系部门众多而有十几封乃至几十封之多。例如，道光三年陶澍为补授安徽巡抚谢恩题本，随本揭帖除分送六部、六科、都察院、通政使司以外，还送给浙江道、京畿道、江南道、河南道、两江总督等处，揭帖数量总计19份（《陶澍全集》）。陶澍向多个地方衙门分送的随本揭帖，用于通报自己补授和交御安徽巡抚之职的信息。所报告事务关系部门越多，揭帖也就越多，有时甚至多至几十通，缮写工作量巨大，加剧了清中后期档案繁冗的情况。光绪晚年改题为奏之后，通政使司有名无实，最后裁撤，作为副本的随本揭帖也就不复存在。

清初，揭帖也被用作启本部分疏副本。启本是一种上行官文书，清沿用时间较短，主要是顺治初年群臣对摄政王多尔衮上书时使用的最高规格上行文，相当于给皇帝的本章。顺治三年四月，多尔衮下令取消，一律使用题奏本章（《大清会典则例》）。这类揭帖末尾同样有“除具启”“除具疏外”等内容表明其副本性质。例如，顺治四年三月镇守江宁总兵柯永盛在西江、赣南等地平定叛乱之后汇报所获人口牲畜物件数目和行赏细节的揭帖，末尾有“理合具疏报闻……除另造册报部外，为此具揭”（《明清史料·甲编》上册）等语，可见另有上疏与造册分别报告皇帝和兵部。

不仅地方上达中央的本章需要副本揭帖，中央各部院送至内阁的题奏也有副本。顺治五年，江西总兵金声桓叛乱，湖南骚动，常德、武冈等地为南明郝摇旗、马进忠所据。顺治七年二月兵部揭帖当中转引了湖川总督罗绣锦报告武冈失事题本和摄政王旨的内容，随后叙述兵部议会方案，主张即令续顺公沈永忠统辖定南王部属兵力支援湖南。文末有“除具题外”字样，说明其属于题本的副本，又由于军事情报的机密性和紧急性被兵部收到后题为塘报（《明清史料·甲编》上册）。又如顺治三年礼科给事中梁维本和户部爱殷布山等人的题本揭帖，其内容是报告拨补静海、固安、永清等六县土地情况，静海县将已圈田地归还县民，其他五县圈丈兑补也已经完成。该揭帖末尾同样有“除具题外，理合具揭”的说明（故宫博物院明清档案部编:《清代档案史料丛编》第四辑）。

随本揭帖一般照录本章内容，将原来题本中“具题”改为“具揭”或“谨揭”，文末一般用“为此除具题外，理合具揭，须至揭帖者”后加日期作为结束，或者以“右具揭帖”结束。部分揭帖上有“本揭对同”字样，说明揭帖与题本的内容已经对照过，确保未经篡改。揭帖上不加盖官印，其抄写并不像题本一样要求严格，虽然偶尔用细长型宋体字，但更多则使用书写较为方便的正楷体字，每行字数也没有规定。奏本、启本、疏本的随本揭帖同理。倘若题本上贴有贴黄，大部分时候不需要抄写。但清初揭帖有的也会一并抄入。例如，顺治十二年四月，刘文秀在湖南辰州集结部众，计划攻占常德以切断洞庭湖西面湖北、湖南的通道。九月，时任经略大学士的洪承畴提议增设湖南常德水师以应对，其题本后附有贴黄，对其内容进行梗概。随本揭帖当中，在文尾“须至揭者，顺治十二年九月十四日”之后，另起一行，在“贴黄”字样后抄录了贴黄的内容（《明清史料·甲编》中册）。

与大部分随本揭帖照录正本内容不同，刑名本章的副本揭帖内容较正本更为详细。康熙五十年定例，刑名本章正本内，府、司、道等官所审，如有别情，将情由载入本内，若无别情，只要注明该府司所审与州县官无异一语，将州县所取原供，并督抚大吏审拟之处缮入本内具题，以免累赘。其送部揭帖，则将该府、司、道各官所审口供、看语仍旧照例送部查核，不得省略（《祥刑典》）。《大清律例》中规定：

> 凡初次供招不许擅自删改，俱应详载揭帖，若承问官增减原供，希图结案，按察使依样转详，该督抚严察题参，不行察参，将该督抚交部一并议处，按察使亦不得借简招之名，故为删改，倘遇有意义不明，序次不顺，与情罪并无干碍，即就近核正，申转将改本备案，不得发换销毁，违者依改造口供故行出入例议处。

禁止承问官、按察使、督抚等经手官员对刑名本章的送部揭帖内原始口供进行篡改，并且需要对揭帖内容的更改记录进行备案。刑名揭帖较本章更为详细，对于本章内容而言是一种补充，有助于确保司法公正、减少冤假错案。

随本揭帖的产生，其一是为了方便各部院存档备查、减轻相关官署的抄写负担；其二是有助于保护正本，一般情况下，若需查考臣工所奏之事，只提用其抄件即可（胡启松：《清代档案耐久保存的探讨》）；其三则是为了提高行政效率。根据官员反馈，没能够提前得到揭帖的部门人员由于会议时间仓促，相较而言，难以在当时提出自己的见解。康熙三十六年都察院左都御史李楠上疏：

> 凡有会议，仅于前一日薄暮传知，次日即行齐集。惟主稿者及臣衙门先有科抄揭帖，余皆不详事之端委，齐集时止将看语宣读一遍，诸臣仓卒闻之，安有良策？大半就主稿者之议。唯唯画题而散。是虽会而未尝议也。（《清圣祖实录》）

这也从侧面证明了随本揭帖对于提高决策质量和行政效率的作用。按例，揭帖随本章到通政使司后，通政使司于次日交该省驻京提塘官，分送各有关衙门。清制许多政务需要部议解决，随本揭帖能够让各相关部院提前了解本章内容，从而提高会议质量。

揭帖传知可以显著提高行政效率，也能够在集会商榷时确保诸臣的有效政治参与，但也带来了泄露机密的隐患和投机取巧的空间。各省揭帖比题、奏、疏等更早投递到通政使司，随后分送到其他部门。由于清初仅对于题本的投送日期作出规定，题本上需要记录日月信息，方便通政使司按期收本，而在揭帖上则疏于管理，许多揭帖文尾不具日期，仅写作“某月日”。在本章上呈御览之前，揭帖已经由通政使司交给提塘官投送各部，因而出现“拜疏未上，具揭先行”（《清世宗实录》）的情况，其中信息传递的时间差为钻营谋干、舞文弄法提供了条件。为此，雍正七年规定：“嗣后督抚提镇，凡有揭帖，均随本章同发，其揭帖封套注明月日，开单送通政使司稽核，于送本次日发提塘分投各衙门。”（《大清会典则例》）此后，揭帖在封套上注明日期，确保通政使司在发送题本的后一天再送揭帖到提塘手中，传递途中因为保密不严造成信息泄露的封发官、承办官将受到罚俸乃至降职的惩罚。另外，密本揭帖并无密封投送。机密题奏本章在传发时需要确保密封完好，随本揭帖却无此规定；并且题奏本章的处理程序冗长，其校阅、翻译、票拟、正签乃至批红的过程至少需要经过五六天时间，这导致消息通过随本揭帖在提塘官与各关系部院提前传播。雍正五年谕旨言：“向来督抚提镇陈奏本章，例有副本投递通政司衙门，又有揭帖知会关涉之各部院。往往紧要之事，未达朕前而先已传播于众口……间有缉拿之犯，闻风远扬，遂致漏网。”（《雍正上谕内阁》）因此，要求对报道重要案件的随本揭帖严格实行和原章一样密封投送和当堂拆验的制度：“凡关涉紧要之事，督抚提镇陈奏本章，将副本揭帖用密封字样投递通政使司。通政使司收到密封副本，堂官亲拆，别载册籍，封固收贮，各部院收到密封揭帖，堂官亲拆。”（《大清会典则例》）这样一来，邮递、拆封途中的责任人都有迹可循、有责可追，有效提高了信息的保密程度。

塘报等其他公文信息保密的实施情况也影响了清廷对于题奏揭帖保密性的态度。雍正六年出现了一起由于塘报提前被刊抄导致钦犯畏罪自杀的案例。正月，四川夔州府知府程如丝由于贩卖私盐和行贿被判决死刑，他通过京报提前得到消息，在监自缢。“上午程如丝斩决部文到在十二月十九日，而京报小钞前五日已到，泄漏实由于此。”（《八旗通志》）雍正六年二月谕旨：“程如丝正法之旨，于部文未到之先此信已早到五六日，显系提塘于塘报中先期漏泄。向来提塘之弊，似此预通信息者甚多，大有关系。”（《雍正上谕内阁》）此后，清廷对于塘报、邸抄、揭帖等各类公文的刊刻传播都采取了更加严格的措施。雍正十二年规定揭帖到达通政使司五日以后才许送部，与题奏本章的票拟、批红和发抄过程所需总时间接近，以此确保信息不会提前泄露。揭帖到司后五日送部制度一直照章执行到清末随本揭帖废除为止（赵彦昌：《明清揭帖考》）。这样一方面确保了重要政务的信息安全，另一方面也使揭帖失去了提前知会相关部门以提高行政效率的作用。

（二）作为官员间上行文书的揭帖

单士魁《清代档案丛谈》中考证，清代并没有大臣直呈皇帝的机密揭帖。但是官员之间的上行文书揭帖仍然存在，属于非正式文书。这类揭帖与随本揭帖一样需要在封套上注明日月信息，虽然为折式，但其具体形制并无成文规定，因而这类上行文书主要被用于进行秘密揭发检举，也即所谓“密揭”（作为上行文书的密揭需要与作为平行文书的密本副本揭帖相区分）。下层官员拥有对上级或者监察部门上揭进言的权力，对于往往容易缺乏下层信息反馈的政府公文系统而言，有助于突破传播壁垒从而打破朋党派系掌控地方政治的局面。乾隆七年，湖南粮道谢济世向湖南巡抚许容揭发冲阳知县李澎额外征收漕粮，许容为包庇下属反而诬告谢济世浮收。湖广总督孙嘉淦偏袒许容，意欲将谢济世与李澎一并定罪。八年二月，陕西道监察御史许定上疏告发许容陷害谢济世，同时弹劾孙嘉淦包庇下属、监督失位。他随疏抄录了一封湖南民间揭帖，其内容是告发布政使张璨、按察使王玠、长沙知府张琳、衡州通判方国宝、善化知县樊德贻等人与许容沆瀣一气、结为朋党。同年湖南岳常道仓德密揭都察院，举报布政使张璨迫使自己更改冲阳县收漕案公文，并称自己曾向孙嘉淦上揭帖告发此事，而孙嘉淦包庇下属无所作为（《清史稿》）。此案当中，上至湖广总督、湖南巡抚，下至布政使、知府通判，在地方形成了官官相护的腐败群体，地方官员直上都察院的秘密揭帖与引发民情舆论的匿名揭帖共同形成了自下而上的信息反馈渠道，有利于避免政治冤案、打击行政腐败。乾隆皇帝谕旨："孙嘉淦身为总督，又承旨审办此案。接到仓德揭帖时即应奏闻，将揭内情节审理。"（《东华续录》）清代这种检举密揭的作用得到了广泛的重视。

通过揭帖告发贪污腐败、失职渎职现象不仅是监察官员的权力，也成为考核其是否称职的准绳。康熙九年规定："总督贪婪，巡抚不行纠参，巡抚贪婪，总督不行纠参，如发觉审实，不论同城不同城，皆降三级调用……其方面以下大小官员贪婪之处司道府等不行揭报，被督抚访实题参，将同城之司道府各降三级调用，不同城者各降一级留任。"康熙三十八年闰七月十八日湖广总督郭琇题参襄阳知府黄章，并弹劾荆南道参议蒋兴芑揭发不及时、有意隐瞒：

> 知府为州县表率，守道职任监司，知府有贪酷之处，司道一有闻见，即应揭报。今襄阳府知府黄章贪酷各款，而分守下荆南道参议蒋兴芑居处同城，先则不即揭参，后称于闰七月二十五日已将贪酷各款开具揭帖详报，何以该道八月初二日发行报黄章称疯咆哮之详即于八月初六日到，臣详内亦未声有已将各款揭报之语。又该道八月初五日发行报黄章退还勒要银两之详即于八月初九日到。臣其所称闰七月二十五日款揭详文，至八月初十日拜疏之后始到，其中显有瞻徇情弊，因而倒写月日以支饰前详，大非监司之体也。（《华野疏稿》）

襄阳府知府黄章在地方贪污受贿、敲诈勒索、欺压百姓，荆南道参议蒋兴芑为了掩盖自己徇情隐瞒、延迟上报的过错，将八月写具揭帖的日期篡改提前到七月二十五日，最终因徇私枉法遭到革职。本案中亦可见揭帖需在封套上注明日月的规定对于保障密揭监察功能的正常运作有着重要的意义。

清中期以后，密折成为官员对皇帝的主要秘密进谏途径，而揭帖则在各个部门、各级官员之间发挥着同样的作用，对于监察官员来说，则往往通过揭帖履行揭发荐举的义务。密揭的投送不像寻常公文那样有较为完善正式的规章制度和运作模式。作为一种信息流通的补充手段和非正式通道，揭帖对于政局的影响往往取决于使用者的用意。就负面影响而言，揭帖或是被利用为派系倾轧的工具，危害政局稳定，或是造成政府公文流通管理系统的混乱，干扰信息传输，降低决策效率。明中后期的激烈党争之中，揭帖发挥了催化剂的作用，因此清朝吸取教训，并未像明统治者一样鼓励揭帖进言，但各级官员之间的揭帖流通仍然有其负面影响。雍正十一年，福建巡抚毛文铨参奏汀漳道刘燦与漳州府知府耿国祚互相揭告。前者密揭毛文铨，告发耿国祚凭借与龙溪令魏彪仓库相近之便，与之互相挪借移用。后者也向毛文铨上揭反击，称刘燦纵容家人书役等索诈银两。刘燦揭报下属耿国祚、魏彪贪污腐败、互为掩护，其揭帖被人藏匿后一时激愤，触墙明志。最终耿国祚与魏彪解任伏法。(《东华录》)密揭在清官循吏的手中是反腐利器，在贪官污吏的手中则成为攻讦构陷的工具，其影响的不确定性正来自非常规、制度外的特点。不同于密奏密折等直呈御览的公文书，密揭的使用主体更为广泛，因此也更加难以管理和控制。雍正十二年，吏部侍郎邵基上疏：

> 强梗属员，以上官将予参劾，辄先发制人。往往参本未到，揭帖已至。质讯虚诬，按律治罪，上官已被其累。请嗣后上官恃势，属员受屈，仍许直揭部科；其有诬揭者，于本罪外加重科断。(《清史稿》)

下级官员面对弹劾时出于反击报复，不惜以揭帖向监察部科告发上级，因此对于揭帖的使用需要采取更加慎重的态度。为避免上司利用揭帖弹劾之便欺压属员，康熙十四年就已经对上司揭参进行了详细规定，对于污蔑或误报的上司进行罚俸等惩罚。后来，为了在保障下级官员面对上司迫害时能够申冤的同时避免诬告揭帖干扰政治生态，雍正十二年规定对揭帖滋事采取从重处罚。（《清史稿》）十三年又规定科道言官被人参劾后不静听部议谕旨处理，反而凭借言官职权“妄行具揭陈辨者降三级调用”（《大清会典则例》）。这些规定都有助于避免揭帖滥用带来的负面影响。

作为上行文书的揭帖还有另外三种功能，其一是作为政绩报告。清代各省学政按期考核所属各府、厅、州，稽查章印官等官员优劣与各地生员学业。

> 学政于官员贤否，遵照敕谕例，应品核文到各府州县掌印官，即照旧式备造僚属履历及以前荐奖戒饬缘由，填注考语事实，教官更分年力、志行、学识、教规四款，内有贤不肖之尤者，别具揭帖，限一月内送阅。（《大清会典则例》）

学政考核各府州县教官时，需要行文至各府州县掌印官，令其造送教官履历，从年力、志行等四方面填注考语事实，报送学政审阅，作为岁考时考试教官的参照。倘若其中有格外优异或品行恶劣者，掌印官则需要额外写具揭帖报告其详情。

其二是作为官员的个人履历，这种上报的人事文件被称为履历揭帖，或称履历清揭、职名揭帖。（裴燕生：《历史文书》）例如光绪十五年，承德府知府廷杰职位变动的谕旨中言：“承德府知府廷杰，着交军机处存记录用朱批经，吏部知照前来……仍回承德府原任以重职守，并饬取接任日期、履历清揭送部查核。”（《光绪十五年十一月二十五日京报》）承德府知府廷杰调回原任时，其履历揭帖被送到吏部进行稽核考察。这类揭帖一方面便于上司了解属员的能力经验，另一方面也有助于预防冒名顶替官员职衔、图谋不法的现象。康熙元年六月，蓟州兵备道薛陈伟被题参掩欠江南江阴一处田产的税赋钱粮，上疏自辩世代居住河南祥符县，相距江南江阴数千余里，江宁巡抚韩世琦疏称，薛日宣以江阴之子衿于顺治九年间将自己户田四百三十亩捏立薛凤户名而注陈伟名衔于其下，以自置之田冒立官户，以此逃税。韩世琦比对薛陈伟的履历宗谱等查明二人确无血缘关系，最后将其履历等揭送户部核验，为其洗清罪名(《抚吴疏草》)。新官上任时上报履历揭帖的规定则有助于日后进行核验比对，避免这种冒名顶替的情况。有些履历揭帖还要逐级上报，缮写多份，随文转呈。

其三是钦天监用于报告天象占候："钦天监设观星台，令天文生分班，昼夜观望，或有变异，开具揭帖呈堂上官，当奏闻者随即具奏。"(《大清律例》)这种功能沿袭自明代对钦天监官吏需要用揭帖向上级报告天文异象的规定。"凡占候天象，本监(按：南京钦天监)自洪武以来，设观星台于鸡鸣山上，令天文生分班，昼夜观望，或有变异，开具揭帖，呈堂上官，当奏闻者，随即具奏。"(《大明会典》)

(作者单位：山东大学尼山学堂)

古滕文脉千秋盛，赖有乡贤传斯文

——《滕州文献志》读后

孙天胜

第一次与古滕结缘，是三十年前去滕州上课，此后，登龙泉塔，访薛故城，看博物馆，到前掌大考古现场。前几天，又刚刚到滕州博物馆听了一场“文博大讲堂”考古类专题讲座“滕州岗上遗址考古新发现及重要收获”……这一桩桩一件件，无不与文化有关。

曾经有一个寒假，我去枣庄市图书馆，借来万历年间于慎行主修的《兖州府志》，又从档案局借来多个版本的老《滕县志》，一边翻阅，一边感慨：古往今来，滕州这块土地，出过多少英雄豪杰：奚仲、孟尝君、滕文公、毛遂……“水势腾涌”的古滕大地，与深厚的历史文脉之间，定是有着必然的联系吧？“山居之民，千树枣，千足羊；滨河之民，千亩麦，千石稻……”“山欲开云柳乍风，杜梨花白小桃红……”“薛北滕南几问津，远山如画黛眉新……”滕州真是一块文化积淀深厚的土地。从新石器早期开始的史前文化，基本上没有间断：北辛文化、大汶口文化、龙山文化、岳石文化……厚厚的文化层，浩繁的古文献，让人惊叹。但是多少年来，这里缺少一部古代文献的辑录。尤其是明清以来，滕州贤达辈出，著述汗牛充栋，却未见有记述目录的卷帙，地方古典文献的整理也基本阙如。

前些日子，蒙孙井泉先生相赠，竟让我得以一睹杨其东先生的《滕州文献志》。

杨其东先生热爱自己的家乡，热爱滕州的文化，他把这种热爱变成了扎扎实实的行动。他本以古书坊为业，但在经营过程中，发现了地方文献的文化价值，于是古籍版本舍不得卖，并开始大力搜集，专心研究，动笔整理，由卖书到藏书，由看书到写书，成了真心做学问的人。40余万字的《滕州文献志》，让杨先生“毕十几年之功于一著”，收录了丰富的滕人古今著述（其中包括明清至民国120多个姓氏的族谱家乘资料400余部），每一种都考证了作者的相关信息，考证了著述的版本抄刻、序跋题记，以及内容宗旨、授受源流，都是十分珍贵的地方文史资料，完全可补正史之不足，填补了滕州文化传承上的空白。

听孙井泉先生讲，杨其东痴迷地方文化，任窗外红尘滚滚，而他的室内却是心香一瓣、黄卷青灯，“风雨不动安如山”，令人钦佩。

《滕州文献志》的“后记”中，有作者的一段购书记，读来不觉会心一笑——想当年，自己也有多次这样的经历：与心仪之书失之交臂，那份无奈的心情，真是“难与君说”。真正的读书人，读至此都不免“悠然心会”……

古语有云：“富而好文。”管子说：“仓廪实而知礼节，衣食足而知荣辱。”滕州自古以来地理条件优越，土层深厚，土壤肥沃，水源丰富，植被茂密，因而养育了一代又一代先民，积淀了丰厚的历史文化。现在的滕州又是山东较为富庶的一个县市，有着一连串国内知名的文化“头衔”，所以这里不缺文化，可要紧的是，如何让文化植根在人的心里？

记得刚改革开放那会，我们有个代表团访问韩国，当一位团员慨叹韩国大宇、三星集团的惊人业绩时，陪同的韩国主人却一脸惋惜地说：可惜我们没有屈原、没有鲁迅……

还有一年，一个中国代表团访问德国，当他们惊叹于鲁尔工业区的巨大成就时，陪同的德国人却说，我们更以黑格尔、莎士比亚而自豪……

这两件事让我们看到，工业强国固然是用科学和技术来赚钱，但他们更看重文化先贤对自己精神的滋养。

《滕州文献志》的问世，从小处说，是杨其东先生个人兴趣爱好的结晶；从大处讲，又何尝不是地域文化的绝好传承？近年来，举国上下都在讲“传统文化”，反过来便是“文化传统”。个人的文化自觉，理应成为一个地方的文化自信。滕州人一直是以自己的家乡而傲视左右的，可我们是否想过，物质的富裕只是形而下的，文化的昌盛才是长久的资本。所以，从这个意义上讲，民间人士自觉的文化研究，理应得到政府的支持。仅靠个人的爱好兴趣，是难以持久的，也是难成系统的。对于像杨先生这样自觉的文史研究学者，政府相关部门应该给予充分的褒扬，资助他们倾注心血的研究，使其有交流活动的场所，有研究活动的经费，有一展技艺的舞台。倘能如此，则杨其东先生幸甚，滕州的文化事业幸甚！

（作者单位：江苏师范大学历史文化与旅游学院）

宋代以后，官府藏书不再是藏书史上的一枝独秀，私人藏书凭借雕版印刷业的迅猛发展而大规模兴起。

得书岁月从头记，留与飞鸿证雪泥

——小记清代江南地区藏书家与私人藏书楼

戴伊璇

宋代以后，官府藏书不再是藏书史上的一枝独秀，私人藏书凭借雕版印刷业的迅猛发展而大规模兴起。尤其是在南宋定都临安后，官府藏书也随之南下，确立了江南地区私人藏书在未来数百年独领风骚的地位。

明清以后，一方面江南作为文化中心的地位越来越突出，明清两代的科举，进士、状元多出自江南地区，尤其以苏州府首屈一指。另一方面明末清初的时局动荡，间接地带来了藏书格局的重新分配，转手收购屡见不鲜。

而到了乾嘉时期，可以说是清代三百年中学术发展和变化都最鼎盛的时期，一是“朴学”日渐兴盛，使得校勘、注释、考证、辨伪、辑佚等目录学分支蓬勃发展，二是《四库全书》在整理收集的过程中无意带动了民间藏书的热情，三是记录乾嘉两代皇室藏书的《天禄琳琅书目》，更是推动了藏书家特重古籍善本的热潮。这又使得清代的藏书家们不局限于收藏，而是把更多的精力放在了文献整理上。

教育的发达和学术的繁荣，使得自南宋以来以江浙两地为中心的私人藏书格局并无很大变化，反而有愈演愈烈的趋势。查得确有文献记载的清代收藏万卷以上的藏书家，总计超过500人，其中尤以江南地区的藏书家为主，北方虽然也有如海源阁、樵林书屋等藏书楼，但还是难与江南的私人藏书楼争雄。

一、车马九衢任杂沓，坐拥万卷心悠然

清人洪亮吉曾把藏书家分为几等，读来很有意思：“藏书家有数等：得一书必推求本原，是正缺失，是谓考订家，如钱少詹大昕、戴吉士震诸人是也。次则辨其板片，注其错讹，是谓校雠家，如卢学士文弨、翁阁学方纲诸人是也。次则搜采异本，上则补石室金匮之遗亡，下可备通人博士之浏览，是谓收藏家，如鄞县范氏之天一阁、钱唐吴氏之瓶花斋、昆山徐氏之传是楼诸家是也。次则第求精本，独嗜宋刻，作者之旨意纵未尽窥，而刻书之年月最所深悉，是谓赏鉴家，如吴门黄主事丕烈、邬镇鲍处士廷博诸人是也。又次则於旧家中落者，贱售其所藏，富室嗜书者，要求其善价，眼别真赝，心知古今，闽本蜀本，一不得欺，宋椠元椠，见而即识，是谓掠贩家，如吴门之钱景开、陶五柳、湖州之施汉英诸书估是也。”（洪亮吉：《北江诗话》卷三）

洪氏所举，几乎都是江南藏书人，其分类也甚得理。和身处北方政治中心的藏书家们不同，江南地区的藏书家多半有着并不愉快的仕途经历，清初的如钱谦益，他一生几涉刑狱，晚岁本想储才养望，却因为降清，落得个“贰臣”的污名，甚至有人作诗讥讽他说“钱公出处好胸襟，山斗才名天下闻。国破从新朝北阙，官高依旧老东林。”（《枣林杂俎》和集）既不能兼济天下，又无法独善其身的钱牧斋，于是回到家乡常熟绛云楼，过着只有爱妻与爱书的隐居生活，其弟子曹溶在《绛云楼书目题辞》中说其藏书“所积充牣，几埒内府”。说到曹溶，也是被时人唾骂的“江浙五不肖”之一，藏书极富，筑书楼于嘉兴南湖之滨的倦圃别业，名“静惕堂”。

如果说清初的很多江南藏书家为了躲避亡国的伤痛，有仕不愿出的话，那么此后的藏家则大多雄心勃勃却失意于科场，索性回到书里做起了隐世君子。苏州藏书家黄丕烈青年时期从未停止上京赶考，但也没能改变每次都落第南归的结局，嘉庆七年最后一搏仍以落榜收场后，他从此全身心地投入自己热爱的藏书活动中，“二十余年未尝作仕宦想”（《秋清居士家传》，《独庐学稿》四稿卷五）。又如浙江海宁的吴骞，“少谢科举学，老却征士聘”（《感旧十五首》，《篔谷诗文钞》诗钞卷十六），一生未仕，但筑拜经楼藏书不下

五万卷，曾撰《桐阴日省编》自述“寒可无衣，饥可无食，至于书，不可一日失”（《愚谷文存》卷十三）。人生的各种困厄使他们转身向书籍中寻找慰藉，在访书、藏书、校书的过程中，重新找回内心的安宁与美好。

历代的文人、学者们，科场不得意者众，有人忘情于山水田园，有人闭门藏书，为的是心中“仁民爱物”的理想，确实有人藏书只是为了收集财富传给子孙后代，但更多人所持的则是“天下好书，当与天下人共读”的开明思想。曹溶作《流通古书约》云：

> 或曰：此贫者事也。有力者不然，但节宴游玩好诸费，可以成就古人，与之续命。出未经刊布者，寿之梨枣，始小本，讫巨编，渐次恢扩，四方必有闻风接响，以表章散佚为身任者。山潜冢秘，羡衍人间，甚或出十余种目录外。嗜奇之子，因之覃精力学，充拓见闻。右文之代，宜有此祯祥，予矫首跂足俟之矣。

虽隐世于书海之中，可怀揣着的还是作为一个读书人的责任心与使命感，所谓“焉知拥书者，独抱苍生心”大概就是如此吧。

二、老来兄弟忘形迹，诗草淋漓醉墨斜

藏书本来是志趣爱好，有志趣必定有同道中人一起交流，切磋共赏。最著名的藏书家群体应属吴中乾嘉藏书四大家：周锡瓒、黄丕烈、顾之逵、袁廷梼，彼此交往甚密，互示善本，或借抄或相赏。如黄丕烈好宋书，有书室名“百宋一廛”，吴骞则别题“千元十驾”，意谓千部元版，可敌百部宋版。为此黄丕烈还有诗赠吴骞云：“千元百宋竟相夸，引得吴人道是娃。我为嗜奇荒产业，君因勤学耗年华。良朋隔世亡双璧，异地同心有几家。真个苏杭闻见广，艺林佳话遍天涯。”

又如黄丕烈五十寿诞时，周锡瓒赠以宋本《姚少监文集》为贺，可谓相知。正是因为这一份爱书的共同心情，他们才能彼此惺惺相惜，袁廷梼晚年家道中落，藏书亦失散，黄丕烈收得最多。他曾记“五砚楼书散，书坊人以青

蚨二百四十金捆载一船而去。岁阑事迫，亦无可如何者。虽时刻居多，然间有一二旧刻名抄。余转向坊人留之，中有精抄本《太平乐府》九卷本。”“余虽至亲，不能为之保护，思至，实可酸鼻。”（《士礼居藏书题跋记续》卷下）又赋诗云“漫说收藏五砚楼，人亡人得已堪忧。而今楼在人何在，手触遗编涕泗流”，其中满满的深情厚谊，对友人的怀念不舍，读之也让人不禁为之泪下。

书籍乃天下人之共器，这是江南藏书家的传统文化观念，视书籍为人类宝贵物质精神遗产。直到近代，江南的藏书家仍是如此。人事沧桑，世界翻覆，嘉业堂主人曾斥资近三十万元之巨，“几有万家之势”，先后收购了甬东卢氏“抱经楼”、独山莫氏“影山草堂”、仁和朱氏“结一庐”、丰顺丁氏“持静斋”、太仓缪氏“东仓书库”等十数家的藏书。故刘氏藏书几萃北京、扬州、苏州、杭州等地藏书家之精华，尽一家之力尽可能保存劫火之余孑。

此外，藏书家往往身兼学者、文人等多重身份，学识渊博，内涵深厚，如黄宗羲、王士祯、孙星衍，都是在钻研学术的同时进行古籍的收藏整理。尤其是在朴学成为显学后，无论是“吴派”还是“皖派”的学者们，都与江南地区的藏书家们有着密不可分的联系。比如前面提到的“吴中藏书四友”，与同时期的经学大家如钱大昕、段玉裁、王念孙等人均有交游，而这三人也都是江苏人。黄丕烈过世前目录手稿交给钱大昕的女婿瞿中溶去编排，钱大昕为袁廷梼作《五砚楼记》，周锡瓒七十寿辰时段玉裁有《周漪塘七十寿序》等皆是明证。到晚清时候湖州嘉业堂主人刘承干与考古名家王国维、罗振玉都有交游，每刻一书都请名家鉴定。

三、卷端题诗认遗墨，左方印记留朱钤

很多藏书家都把得书看作一件无比郑重的大事，并在此基础上加了许多文人的风雅情趣，颇堪玩味。藏书目录的著录体裁多种多样自然不消说，有赋注体式的，如黄丕烈的《百宋一廛赋注》；有题跋体式的，像陈鳣的《经籍跋文》；清末还有如陈匪石的《匪石日记钞》这样日记体式的。江南藏书家的文采不仅限于此，题书纪事诗更是值得用心欣赏。晚清的著名藏书家叶昌

炽专力于此，有《藏书纪事诗》一书收集整理前代各家作品，将各位藏书家的文化情怀以诗的形式表现出来，爱书之情溢于言表，不啻为一部形象鲜活的藏书人物辞典。

至于藏书上钤盖印章这一传统习惯也成了藏书者个人情志的一种表白，如许自昌的两枚藏书印分别为“有美人兮天一方”和“吟诗一夜天下白”，别致风雅。由于此时藏书家对宋元善本情有独钟，往往为此又有特章，如常熟张蓉镜有“虞山张蓉镜鉴定宋刻善本”章。其他有趣的还有肖像章，陈鳣就有“仲鱼图像”一方，陆心源也有“存斋四十五岁小像”章一枚。这些可以看出藏书家都在这一小物上下足了功夫。

而江南地区还有些“书痴”则更为投入，不仅题跋题诗，更有甚者如黄丕烈自创了祭书之礼，还为了奇书和书友雅集等请丹青妙手来绘图，有钱塘陈鸿寿为其作《藏书四友图》，还有钱大昕为其题《除夕祭书图》等，合计不下数十幅。叶昌炽《藏书纪事诗》载：“先生得一奇书，往往绘图征诗，有《得书图》、《续得书图》、《再续得书图》，今皆散佚。其名之可考者，曰《襄阳月夜图》，得宋刻《孟浩然诗》作也；曰《三径就荒图》，得蒋篁亭所藏《三谢诗》作也；曰《蜗庐松竹图》，得《北山小集》作也。余所见《玄机诗思图》，为得《咸宜女郎诗》而作。”不能不说别出心裁，把藏书活动与书画结合起来，分外雅逸。

不止藏书，不少藏书家还自己校书、刻书。一方面，很多古书传习久远，讹误滋多，而考据之学的盛行，使得精熟训诂小学的清代藏书家们往往搜集善本，然后埋头于校雠之中，乐此不疲。比如卢文弨的《群书拾补》，校勘古书三十余种。另一方面，藏书家并不把这些书籍视为奇货可居，而是大量刻书，尤其是编纂刊刻了很多大部头的丛书与类书。清代江南地区刻书印书，无论是在数量还是质量上都称霸九州，而经过藏书家之手的往往都是精品中的精品。湖州嘉业堂主人刘承干，不仅在印刷上精益求精，聘请专家用红梨木书版刻印书籍，而且每刻一书必请名家鉴定，与他交好的考古学家王国维、罗振玉等，都为嘉业堂所刻印的书出力，其书的质量可想而知。很多善本、孤本得以到现在还能与读者相见，也是出于“欲藏永久”的一种爱书之心吧。

四、山姜倚墙放疏蕊，苍藤乔木水为邻

对于每位藏书家来说，藏书楼可谓心灵躲避尘世烦扰的后花园，因此往往在藏书楼的修建和命名上煞费苦心。江南地区的几座著名藏书楼皆是如此。尤其在明清时期江南私人园林兴起，藏书楼遂成为文人雅士修身养性、闲适自娱的桃花源。

首先在选址上多半是在安静、远离市嚣之地，如常熟东古里镇的瞿氏的铁琴铜剑楼，据瞿镛在所填《望江南》词中说，此地"沃野千畦，桑竹弥望"，可以想见是如何一片世外净土。

藏书楼往往占地面积并不大，却"小中见大"，布置曲折含蓄。建筑本身未必宏伟气派，但是都深幽静洁，风格以清雅脱俗为最高追求，充溢着浓郁的书卷气。比较有代表性的是宁波范氏天一阁，据载："传闻凿池之始，土中隐有字形，如'天一'两字，因悟'天一生水'之义，即以名阁。阁用六间，取'地六成之'之义。是以高下、深广及书橱数目、尺寸，俱含六数。"此后在康熙四年，范钦的重孙范文光又绕池叠砌假山、修亭建桥、种花植草，并用山石砌成精巧的"九狮一象"，使整个的楼阁及其周围环境有了江南私家园林的风貌。

除了在建筑方面煞费苦心，在命名上也各有千秋。有夸耀所藏之丰的，如"皕宋楼"，意谓所藏宋本有二百本之多；有用典故暗指藏书一事的，如"小琅嬛福地"，指仙人藏书之地；有取自古书名句的，如鲍廷博的"知不足斋"，取《学记》中"学然后知不足"之义；还有以自己所藏宝物而命名的，如铁琴铜剑楼，原名"恬裕斋"，取"引养引恬、垂裕后昆"之意，后因收得铁琴、铜剑各一而改名。可以说，藏书楼本身也是藏书家毕生心血之结晶。

五、伤心十万题签处，半付秦火半蠹鱼

过去百余年，回头再看这些曾名动天下的藏书楼和藏书人，除了天一阁一家的藏书尚流传至今外，别的大多已烟消云散。

清代以来江南地区不乏藏书世家，经过几代的积聚与传承，无论是数量还是质量都不容小觑，成为藏书史上浓墨重彩的一笔。最著名的当属常熟钱氏，从钱谦益到其族曾孙钱曾，薪火相传。此外，吴县三松堂的潘氏、常熟瞿氏，到晚清的杭州八千卷楼的丁氏，都堪称书香世家。既是书籍，又作为一种财产的继承，更重要的是爱书护书、求知求真的精神传承。但即使如此，在漫长历史的洗汰下，江南的私家藏书也逃避不了失散的最终结局，有的是因为后世子孙的为继不力，有的是因为家道中落，但大多还是毁于战火、动乱和水火虫害。偶有能延续一脉的，最好的归宿即是被同好所收，或者捐赠于图书馆。最著名的例子便是"嘉业堂"的主人就在新中国成立后将藏书、书版连同各项设备，甚至藏书楼本身都捐献给了浙江省图书馆，就像一滴水想要不消失，最好的方法就是融入大海。

附记：前年年初曾同家人过姑苏，夜宿平江路附近一小巷中的酒栈，闹中取静，院内几间修旧如旧的老屋，曲栏画栋，芭蕉犹绿，细看廊庑下有小铜牌，刻着"黄丕烈旧居"。黄荛圃早已驾鹤归西，彼时的珍藏也早就流散天涯，旧居几经修整再看不出原貌，可是站在那儿仿佛看见斯人持卷，手握丹铅，案前芸香袅袅，斯人于灯下悄声吟哦，抬头是明月皎皎。今人有词记曰：

夜行船·宿吴门黄荛圃旧居

孤馆深深寒夜永。换巢鸟，画檐栖定。铅结盘心，芸销庋上，碎甃漫寻三径。

半卷翠蕉犹弄影。掣瑶签，细声潜听。謦欬空回，水风轻曳，句比梅花还冷。

（作者单位：上海社会科学院文学研究所）

科技儒学就是专门研究儒学的科技内涵，以及科技与儒学关系的一个研究领域。

让科学与儒学的关系走向澄明之境

——马来平教授专访

孙颖睿　董　宇　张清俐

按：2021年5月28日，习近平总书记在两院院士大会、中国科协第十次全国代表大会上指出："要深度参与全球科技治理，贡献中国智慧，塑造科技向善的文化理念。"中国科技发展最突出的特点是具有源远流长的以儒学为主要内容的传统文化背景。要落实好习主席的上述指示，不可或缺的一个步骤就是正确认识和处理好科学与儒学的关系，尽可能地从传统文化里汲取智慧和科技向善文化理念的养分。近日，山东大学儒学高等研究院马来平教授围绕西学东渐中的科学与儒学关系等问题，接受了中国社会科学网的采访。

记者：您是在全国带头研究西学东渐中科学与儒学关系的学者。我们知道，您的研究经历了几次转向，先由"科学认识论"到"科技与社会"，再到"科技与中国传统文化"，最后才落脚到"西学东渐中的科学与儒学关系"。为什么会有这种变化？或者说，您是怎么确定把"西学东渐中的科学与儒学关系"这一领域作为学术方向的？

马来平：我的学术研究始于"科学认识论"，1983年参加了由吉林大学舒炜光先生领衔、全国十几所综合性大学合作的"科学认识论"研究。其中，科学认识价值论部分，实际上是关于科技与社会的研究，所以在这一项目结束后，我的兴趣就转向了科技与社会的研究，就此出版了《科技与社会引论》等两本专著。

科技与文化是科技与社会的重要组成部分，(20世纪)80年代后期兴起了一种“文化热”，我的研究随之集中到了“科技与中国传统文化”方面。在这一方面，我联合一批北京等地知名学者进行合作研究，作为执行主编出版了一套7册的《中国科技潮》丛书，其中包含我独立撰写的《中国科技思想的创新》一书。

在“科技与中国传统文化”方面，我的研究方向最终落脚到了“西学东渐中的科学与儒学关系”上。之所以选择近代西学东渐这一时期，是因为此时西方科学与儒学初次接触、平等交流，最能彰显各自的本质。这一时期的科学与儒学关系不仅是现代科学与儒学关系的开端，也深藏着现代科学与儒学关系面临的所有问题的萌芽和源头。在现代，要处理好科学与儒学的关系，有必要重温这段历史；同时，进行西学东渐时期的科学与儒学研究，也是科技哲学等众多学科或研究领域新的理论生长点。例如，以科学与儒学的关系为主线研究中国科技思想史将是一个崭新的研究范式。

记者：自2009年发表2.7万字的长文《西学东渐中的科学与儒学关系》以来，您关于西学东渐中的科学与儒学关系研究取得了哪些主要进展？下一步有什么研究计划？

马来平：十多年来，围绕西学东渐中的科学与儒学关系，我们组织了多次研讨会、学术沙龙等学术交流活动，出版和发表了一批学术专著和论文，取得了若干理论进展。

一是关于方法论。在这方面，我们提出了研究明末清初科学与儒学关系应把握的主要原则，明确了明末清初西学东渐中科学与儒学的关系研究的范围，界定了西医东渐中的科学与儒学关系。

二是关于科学与儒学的相容性。针对流行甚广的科学与儒学“相斥论”，我们从多角度、多侧面论证了科学与儒学具有根本上的相容性，并为二者协调发展提出了若干建议。

三是关于儒学人文资源的现代价值。我们基于挖掘儒学有利于科学发展的人文资源的目的，从儒学的“格物致知”观、“气”论、“理”的观念和“经世致用”精神等角度论证了儒学有利于科学发展的现代价值。

四是开展了“东传科学与儒学的嬗变”系列研究。我带领我的博士和硕士生们先后探究了明末以来儒学的多次转型，对各儒学流派与东传西方科学之间的互动关系进行了深度系列研究。其中也包括西学东渐中若干关键人物的个案研究，在这方面我指导了近30篇博士和硕士论文。

最后，开辟了科技儒学研究方向。基于科学与儒学关系研究的重要性和紧迫性，我提出了“科技儒学”的概念，倡导开辟一个新的研究领域，集中研究儒学的科技内涵和科技与儒学的互动关系。

科学与儒学的关系是一个极其复杂的问题，要厘清这层关系、为儒学正名，还有很长的一段路要走。现在我们已经缩短战线，正在进行关于乾嘉考据学与科学关系的研究。全面考察乾嘉考据学与中国传统科学、传教士传入的西方科学之间的关系，重点关注科学对乾嘉考据学的形成、方法和义理等侧面的影响，以及乾嘉考据学对中国传统科学复兴的影响，并以此为基础，进一步对儒学与科学的关系进行哲学反思。虽然艰难，但是已经迈开步伐。我们力图通过这一研究，以小见大，窥见科学与儒学关系的更多奥秘。

记者：基于科学与儒学关系的研究，您开创性地提出了“科技儒学”这一哲学概念，能否扼要解释一下这个概念？

马来平：2015年，我提出“科技儒学”这一概念的初衷是为“科技与儒学”这一研究领域冠名。科技与儒学的关系是一个相当广阔的研究领域。原则上，这些年我们所进行的关于科学与儒学关系的历时性研究、共时性研究以及理论视角的研究，都属于这个领域。其中，包括大量为世人所瞩目的问题。例如，近代科学革命没有在中国发生，儒家是否应当负主要责任？17—18世纪传教士已进入中国传播西方科学，中国没有及时引进西方科学革命成果，儒学是否应当负主要责任？儒学长期作为封建社会意识形态，今天我们要弘扬中国传统文化，不可避免地，儒学要占很大部分，那么，传统文化中的儒学部分是否有利于现代科技发展？换言之，儒学对于科技发展有什么现代价值？儒学包含哪些有利于现代科学发展的人文资源？儒学有无认识传统？若有，是什么？如此等等。

我认为上述这些问题既具有重要的学术意义，也具有十分重要的现实意义；

完全应该像政治儒学、社会儒学和生活儒学那样，把它们统称为科技儒学。科技儒学就是专门研究儒学的科技内涵，以及科技与儒学关系的一个研究领域。

记者：创新是科学技术的生命线，而儒家主张“君子有三畏”(“畏天命，畏大人，畏圣人之言”——《论语·季氏》)，如何解释？

马来平：孔子“三畏”说中的“天命”指什么？宋代邢昺解释说，“天命”指顺吉逆凶的客观趋势。朱熹解释说，“天命”指“天所赋之正理也”(《论语章句集注》)。就是说，“天命”主要指天经地义的伦理准则，其中也包含“天人合一”框架下所承认的自然客观规律。“大人”，邢昺解释说：“大人即圣人也。与天地合其德，故君子畏之。”朱熹没有对“大人”作出解释，但他解释说：“大人、圣言，皆天命所当畏。知畏天命，则不得不畏之矣。”(《论语章句集注》)就是说，不论大人是指当时的天子、诸侯，还是圣人，之所以值得敬畏，乃是因为“大人”是“天命”的执行者。可见，“三畏”说的实质是主张君子应当敬畏天经地义的伦理准则、敬畏客观规律。常见有人把“三畏”说理解成主张听天由命、无条件地服从长官意志和盲目崇信孔孟之言，这是不符合孔子本意的。孔子主张“三人行，必有我师焉，择其善者而从之，其不善者而改之”(《论语·述而》)。不论高官，还是平民，均应如此，并非要求平民一味服从长官。另外，在孔子那里，圣人是一种高于“君子”的理想人格，绝不是指他本人或其他儒家代表人物。恰恰相反，孔子反复坦诚地声明，他不是圣人，还达不到圣人的水准。例如，他说：“若圣与仁，则吾岂敢？”(《论语·述而》)“吾少也贱，故多能鄙事，君子多乎哉？不多也。”(《论语·子罕》)不仅孔子矢口否认自己是圣人，而且认为世人能达到圣人标准的绝无仅有。他说：“圣人，吾不得而见之矣，得见君子者，斯可矣。”(《论语·述而》)至于后人尊他为圣人，那是另一回事，并不符合他的意愿。

总之，以孔子的“三畏”说为依据而断定儒家反对科技创新，是不能成立的。

记者：科学家讲求“吾爱吾师，吾更爱真理”，而儒家重视师道尊严，是否会不利于科学发展？

马来平：“师道尊严”说是由荀子正式提出的。他说：“凡学之道，严师为难。师严然后道尊，道尊然后民知敬学。”（《荀子·学记》）儒家重视师道尊严的宗旨乃是尊师重教。孔子一贯主张先富后教的治国方略，认为国家一旦富裕了，就要把教育摆在首位。孔子到卫国，冉有为之驾车，孔子称赞卫国人丁兴旺，冉有问，人丁兴旺怎么办？孔子答：“富之。”又问：“既富矣，又何加焉？”曰：“教之。”（《论语·子路》）荀子甚至把尊师提到国家兴亡的高度：“国将兴，必贵师而重傅，贵师而重傅则法度存。国将衰，必贱师而轻傅，贱师而轻傅，则人有快，人有快则法度坏。”（《荀子·大略》）

应当说，尊师重教是正确的，问题是儒家是否把“尊师”强调过头了呢？是否主张学生应该绝对服从老师，而把尊师置于求真目标之上呢？若然，就会妨碍科技创新。从儒家的一贯立场看，我认为不是这样的。何为师？唐代大儒韩愈说得好：“师者，所以传道、授业、解惑也。”（《师说》）老师是传道、授业、解惑的人。老师之所以值得尊敬，乃是因为一位称职的老师，应当是在学识和道德上具有较高水准的人。就是说，在儒家看来，尊师，尊重的是他们所具有的较高水准的学识和道德，而不是对老师的人身依附。一部《论语》，涉及大量孔子与弟子的往来与问答，我们看到的是孔子的诲人不倦和弟子的勤学好问，以及师生之间的平等交流。作为老师的孔子，没有表现出丝毫的霸道，相反却是一副循循善诱、以理服人的君子形象。

师生之间应当是一种什么关系？儒家的基本观点有二，一是携手闻道。《礼记·学记》指出：“是故学然后知不足，教然后知困。知不足，然后能自反也；知困，然后能自强也。故曰教学相长也。”教学过程是一种教学相长，共同提高的过程。不论是学生，还是老师，在问道这一人生目标上，是共同的、平等的，甚至在具体问题上，谁先闻道，谁就是师。所谓：“是故无贵无贱，无长无少，道之所存，师之所存也。”（韩愈：《师说》）“是故弟子不必不如师，师不必贤于弟子，闻道有先后，术业有专攻，如是而已。”即便是孔子这样的人，也需要向包括学生在内的周围的人学习，所以孔子说：“三人行，必有吾师”（《论语·述而》），“后生可畏，焉知来者之不如今也？”（《论语·子罕》）二是“当仁不让于师”。和亚里士多德的“吾爱吾师，吾更爱真理”相媲美，孔子也有一句关于师生关系的名言：“当仁不让于师。”（《论语·卫灵公》）宋儒朱熹解释说：“当仁，以仁为己任也，虽师亦无所逊，言当勇往而不为也”（朱熹：《论语章句》）当然，这首先是指在道德问题上，儒家主张，即使和老师意见不一致，只要意见是正确的，学生也应当勇于坚持自己的意见，而不应屈从老师。不过，道德问题不是孤立的，求善与求真常常是交融在一起的。知与仁不是割裂的，而是常常交织在一起。孔子说：“观过，斯知仁矣。”（《论语·里仁》）考察一个人犯的是什么错误就能知道他有没有仁德了。既然如此，错误与真理，仁与不仁，这两对范畴是有一定交叉关系的。因此，当仁不让于师，这一论断也在一定程度上包含“吾爱吾师，吾更爱真理”的意味。

记者：一种观点认为，《易经》作为儒家《六经》之首，影响了中国人的思维方式，而这一影响是近代科学没有在中国萌芽的重要原因之一。您怎么看？

马来平：2004年9月在人民大会堂举办的“2004文化高峰论坛”上，杨振宁先生发表了题为《〈易经〉与中华文化》的演讲。演讲中，他指出，“中国传统里无推演式思维方法”是近代科学没有在中国萌生的主要原因，而中国没有发展演绎式思想方法“是受《易经》的影响”。这一观点提出后，引发了热烈讨论，有赞成的，也有反对的，最终谁也没说服谁。我对这个问题的主要看法是：绝对否定中国古代有演绎式思维方法不妥。针对杨振宁先生的观点，《易经》专家刘大钧先生曾指出，杨振宁先生是跨界发表意见，其实“《易经》是有演绎思维方法的”。《易经》有没有演绎思维方法，我认为应该以易学界为主，继续开展深入的讨论。众所周知，归纳是由个别到一般，演绎是由一般到个别。中国古代产生了那么辉煌灿烂的思想文化，如果说，只知从个别到一般，而不知从一般到个别，那是不可能的。例如，“古书通例法”是中国学者解经的基本方法之一。该方法的要领：要确定某经文中某个字的含义，古代学者常常要寻找该字在整篇经文、《五经》乃至更多经籍中的含义，并从中归纳出这个字共有几种讲法的“通则”；然后，利用这一“通则”，根据上下文等条件，确定最初遇到的某经文中某个字的含义，从而实现从一般到个别。这是典型的演绎式思维方法。所以“古书通例法”是归纳和演绎的结合。而古书通例法早在先秦时代就已诞生，汉代经学家开始自觉运用，到了清代乾嘉考据学就成为学者大量而系统运用的主要研究方法了。当然，中国古代的演绎方法不像西方逻辑学那样已经规则化甚至数学化，但基本精神已经具备了。因此，中国古代是有演绎式思维方法的。当然证据不止于此，但仅凭这一点就已经说明绝对否定中国古代存在演绎式思维方法是不太恰当的了。

记者：儒学对于科学技术是否有消极作用，如何估价儒学的消极作用？

马来平：儒学对科学技术肯定具有消极作用，只是由于五四以来，中国主流文化思想对于儒学的全面否定，导致在中国关于儒学对科学技术的消极作用一度被过分夸大了。因此，这些年来，我们关于儒学与科学关系的研究侧重阐发儒学对科学技术的积极作用。儒学对科学技术有哪些消极作用，这是个很大、很沉重的话题。这里，只能着眼于儒学的整体，谈点原则性的意见。

在先秦儒学那里，还没有科学的概念，但有一个和科学概念关系极其密切的概念——“知”（当时“知”“智”相通）。众所周知，儒学的主体是一个以“仁”为核心的伦理思想体系。在这个体系里，“仁知关系”是其核心构成部分之一。在孔子看来，“知”以“仁”为核心，它依附于“仁”；同时，“仁”与“知”互补，互为目标和手段，“仁知合一”是一种理想的道德境界。在这一境界中，“仁”高于“知”，一个人若仅有智慧而无仁德，或与之相反，都不能算作君子。孟子强调仁智有主次之分，仁是智的方向，是衡量智的标准；在人之仁、义、礼、智“四端”之中，“仁之端”高于“义之端”，而“仁”“义”之端共同高于“礼”“智”之端。总之，以仁统知，知从属于仁，服务于仁是儒家的基本观念。儒家关于仁知关系的观点决定了儒家对于科学技术的基本态度是“道本艺末”。不反对科技，也不是不需要科技，而是科技必须从属于伦理道德。这一关于科学技术的定位有其合理性，但局限性也是十分突出的。科学技术活动是认识和改造自然的活动，它在社会中进行，又相对独立于社会，而且，任何科技成果都是影响社会发展的不容忽视的力量。儒家长期把人的认识活动局限在伦理道德范围内，不承认人类认识自然和改造自然的科技活动对于人伦的相对独立性，看不到科技成果影响社会发展的力量和潜力。所有这些，决定了儒学必定对科技发展具有一定的消极作用。

对于儒学的消极作用需要具体情况具体分析，有的需要批判，有的则需要避免或转化。

记者：如何理解儒学和科学具有根本上的相容性？

马来平：关于儒学和科学的相容性，可以从理论和历史两个角度予以分析。

从理论角度看，儒学和科学的关系是价值和真理的关系。儒学是一种具有中华民族特色的价值系统，科学则是人类真理性认识的结晶和社会性的求真活动。从这一角度，我们可以看到儒学与科学具有根本上相容的理论根据。第一，儒学与科学的终极目的是一致的。科学的目的是追求真理，但它一定要实现价值，对人和社会有益，因而科学的终极目的不能完全脱离价值。同时，儒学作为一个高度发达的价值系统，把对客观世界的认识限定在了德性之知的范围内，把它视为实现价值目的的工具，因而儒学的终极目的也不能完全脱离真理。第二，儒学与科学的精神气质是相通的，儒学大量的行为规范与科学界的行为规范息息相通，如任人唯贤、唯才是举等内容就和科学的普遍主义相呼应。因此，儒学可以为科学的求真活动提供有效的道德规范和伦理基础。第三，科学与儒学的思维方式是互补的。儒学思维方法包含丰富的非逻辑的创造性思维，而科学求真的思维方式是实验和数学相结合的方法，二者可以互相补益。第四，儒学与科学的社会功能具有共济性。科学的应用产生了一系列的负面作用，对这些负面作用的救治需要多方面的作用，但这多方面作用都离不开人的价值观，因此儒学在这里可以发挥重大作用。如果把儒学的人文精神与现代科学精神有机结合，对于避免和解决科技的负面作用以及端正科技的发展方向都会大有裨益。

从历史角度看，儒学与科学也具有根本上的相容性。在古代，儒学包容中国古代科学技术。尽管墨学、道教和佛学包含大量科学技术，但从整体和长时段看，中国古代科学技术主要依附、包容于儒学。在近代，儒家对传教士所带来的西方科学基本上是持欢迎态度的。传教士“学术传教”策略的实施、清政府“节取其技能，而禁传其学术”的西学政策、西方科学最终在中国落地生根和体制化等，无不有力地证明了这一点。鉴于近代科学与现代科学的同质性，儒学与近代科学根本上相容的特性，原则上也适用于儒学与现代科学的关系。

总体而言，不管是从理论还是从事实来看，儒学与科学都具有根本上的相容性，这种相容性对于儒学的现代转化以及构建中国科技创新文化都是具有重大意义的。

记者：您在学术研究外，还担任了山东省政府参事，以及山东自然辩证法研究会理事长和山东省科普创作协会理事长，能否与我们分享一下，您的科学和儒学关系研究如何与学术资政实践实现了良性互动？

马来平：学者参政议政是本分和责任，更是促进党和政府决策科学化和民主化的需要。在我看来，学者参政议政完全可以和学术研究形成良性互动。虽说在时间和精力方面，学术研究和参政议政会有一定冲突，但是只要坚守学者本色，善于以学术的眼光看问题，就可以实现二者的良性互动。对于像我这种从事人文社会科学研究的学者来说，适度地参加一些政治活动，实际上是接触社会、参与实践和倾听大众呼声的好机会。利用这些机会，学者们可以发现社会发展提出的亟待本学科研究的理论问题和实践问题，搜集本学科学术研究所需要的经验材料，汲取社会各界所蕴藏的有利于解决本学科学术难题的丰富智慧，这些都是书本上难以得到的东西。此外，运用专业知识参政议政，实际上是专业知识的一种应用活动，而专业知识的应用，对于深入理解专业知识和发展专业知识是极具建设意义的。

我研究科学与儒学的关系，从参与政协活动中获益良多。2013年，（山东）省政协曾组织了一次“中国梦”座谈会。我从专业角度，作了“科学与儒学的关系”的主题发言，核心观点是“儒学对科学有促进作用”。当时与会者有不同意见，这引起了我的注意。从那以后，经过调查，我才发现有很多人认为儒学是阻碍科学发展的。试想，中华民族伟大复兴，首先是民族文化的复兴，而中华传统文化的主体是儒学，如果儒学和科学技术不相容、阻碍科技发展，而现代化最重要的指标是科学技术，那么弘扬传统文化还有合法性吗？自从那次座谈会以后，我便下定决心，一定要让“科学与儒学的关系”走向澄明之境。可以说，正是这次座谈会，使我更加坚定了科学与儒学关系的研究方向。

（作者单位：孙颖睿、董宇，山东大学儒学高等研究院；张清俐，中国社会科学报）

西汉的造纸工序大致有洗涤、切料、沤煮、舂捣、定型、晾晒揭纸等六大环节。

汉代造纸工艺流程浅析

范珑瀚　崔　旋

春秋战国时期，先秦诸子百家争鸣，宽松的学术氛围促进文化井喷式发展，政治经济变革的同时，书写载体跟随时代发展由甲骨、金石到出现简牍、缣帛。但是，“缣贵而简重，并不便于人”的社会现实促使书写载体进一步改进，聪慧的劳动人民再次发挥强大的学习能力，从自战国时期就有的缫丝法，以及水流冲击后岸边常留下纸状残片等自然现象中吸取经验，创造出伟大的造纸术。了解造纸术起源时期的具体工艺流程，不仅有助于了解历史和弘扬优秀传统文化，也有助于现代造纸工艺的提升。

丝织业与漂絮法的历史与启发

造纸业的起源与丝织业的发展极其密切，真正意义上的纸张出现之前存在一种茧絮纸，是古代劳动人民在漂絮时发现并加以利用的丝织品，并且丝织业中的研光、涂层、浆经、贴金印花技术和造纸业中的研光、填粉、施胶、洒金等工艺之间有着比较明显的脉承和借鉴痕迹。华夏民族是世界上最早掌握养蚕缫丝工艺的国家，“嫘祖养蚕”的神话传说象征着中国丝织业的诞生，植桑养蚕是我国劳动人民在长期的生产实践中创造出来的一项重要技艺。发展至汉代，丝织业更为发达，广泛使用脚踏提综斜织机，丝织品的产量与质量较之前也有了质的飞跃，1972年湖南长沙马王堆一号汉墓出土的通身仅重

49克的素纱禅衣可以为证，其薄如蝉翼、轻若烟雾，堪称巧夺天工。

漂絮法的历史十分悠久，战国时期就有世代以漂絮为生的家族，庄子《逍遥游》中记载："宋人有善为不龟手之药者，世世以洴澼絖为事"，"澼絖"即为"漂絮"之意。缫丝织绢多用品相上成的良茧，用沸水煮开后再行抽丝，余下的劣茧或次茧则用漂絮法制作丝棉。漂絮法的流程如下：首先将劣茧置于沸水中煮开，脱除带有黏性的丝胶后再将未煮散的蚕茧剥开，放入清水洗涤干净，其次将净茧投入浸没在水中的篾筐里，用棒槌反复捶打直至捣碎蚕衣，丝絮互相连接成为一片，最后再将打散的丝绵取出后放在屋亭阴凉处，每日漂淋清水约七日左右晾干收好。

漂絮结束取出丝绵时，总有一些丝絮黏附于篾筐上，不能完全清理干净。随着劳作次数的增多，这些残絮交织加厚，晾晒干透后将之从篾筐中剥离，便会得到一张薄片状的茧絮纸或丝絮纸。《汉书·孝成赵皇后传》中的"赫蹏"或许指的就是这种薄片，可用于简单包装或衬垫，还可做书写材料。残絮数量有限，价格又相对昂贵，形成一张茧絮纸极其不易，人们便自然而然地想方设法寻找性质相似、价格低廉的替代原料。于是，汉代劳动人民便用麻纺品制造絮纸，经过众多工匠的不断摸索，造纸工序更加完善、原料范围也更加广阔，最终创造出真正意义上的纸。

向"纸"形态过渡的茧絮纸大部分应是其他工作的副产品或伴随物，原料稀少且价格昂贵，这就注定它不能特意进行大批量生产。然而，茧絮纸制作过程中的几项关键工艺，如用沸水煮散劣茧去除丝胶，清水洗涤去除杂质，在有篾筐的水中槌打，借助篾筐沥干水分等，为造纸工艺奠定了坚实的基础。

历史文献中的蔡伦造纸工艺流程

汉代是中央集权空前集中、重农抑商政策的正式形成与成熟时期，数量庞大的手工业者处于社会底层，如今被称为"中国四大发明之一"的造纸术也只是在尚方令蔡伦迎合邓皇后的喜好并造出一批性能优良的纸张后，才在史书上留下浓墨重彩的一笔，但是并没有记载造纸的具体工艺，系统阐述造纸工序的著作直到宋代才出现并逐渐丰富起来。记载蔡伦造纸详情的著作散见于各朝各代，如南朝宋范晔根据《东观汉记》编写的官修史《后汉书》，其中提到蔡伦率领尚方内各能工巧匠试验造纸所用原料，但是没有记载具体的造纸工序。还有一些民间著述或抄本，如东汉刘熙《释名》、董巴《贾逵传》，魏张辑《古今字诂》，晋王隐《晋书》、张华《博物志》、司马彪《零陵先贤传》、罗含《湘州记》，南朝宋盛弘之《荆州记》，北魏郦道元《水经注》，以及一些碑碣、石刻等。

东汉刘熙《释名》卷六曰："纸，砥也，谓平滑如砥石也。"唐徐坚《初学记》卷二十一引之又补充道："古者以缣帛，依书长短，随事截之，名曰幡纸，故其字从丝。……至后汉和帝元兴，中常侍蔡伦剉故布捣抄作纸，又其字从巾。"刘熙为汉末著名训诂学家，对于语源学有极深的造诣。"剉"字一通"挫"，取折损、折断之意；二通"锉"，取磋磨之意，说明蔡伦造纸流程中有切料、舂捣等工序。"捣"字为"舂、碾"之意，古时舂捣所用器具一般是杵臼，应用范围极其广泛，如捣米、捣药、捣衣等，想来汉时也已应用于造纸领域。《初学记》又引用晋张华《博物志》提到"伦捣故鱼网作纸"，这两本书的成书年代距蔡伦发明植物纤维纸都不远，内容较为可信。"抄作纸"中的"抄"大意指抄起纸张，这可能是抄纸法的来源和本意，说明东汉时期的造纸工匠受漂絮法所用簏筐的启发，逐渐开始采用更为精细的模具抄造纸张。

此外，晋罗含《湘州记》记载："宅西有一石臼，云是伦舂纸臼也。"《北堂书抄》卷一〇四引晋张华《博物志》称"蔡伦始煮树皮造纸"，"煮"字说明蔡伦时期已经开始采用蒸煮法进行原料处理。北魏郦道元《水经注》卷三十九载"洲西，即蔡伦故宅，傍有蔡子池……捣故鱼网为纸"，在一定程度上描绘了蔡伦造纸使用的工具。北魏石刻《石门铭》将蔡伦与鲁班、张衡等大师列在一起进行赞扬，说明南北朝时蔡伦的社会地位很高且被广泛传颂。

综上所述，记载蔡伦造纸的历史文献中提到了剉、煮、舂、捣、抄等关键工序，即切料、蒸煮、舂捣、抄造定型等，在具体的实践过程中还有其他未提及的基础工序，譬如洗涤、晾晒、揭纸等。

两汉时期的古纸原料及性能

继20世纪初在新疆、甘肃等地发现用墨书写的东汉信纸后，又陆续出土了诸多古纸，为研究造纸工艺提供了充足的实物数据。这些早期古纸依据断代年限，可作如下排序：西汉早期的放马滩纸，西汉中期的灞桥纸、悬泉纸、象岗纸、中颜纸、马圈湾纸、金关纸和罗布淖尔纸等，东汉的额济纳纸、尼雅纸、旱滩坡纸和伏龙坪文字纸等。

西汉的造纸原料以麻缕、废旧麻纺品或渔网等纯麻纤维为主，灞桥纸和中颜纸皆是以大麻和苎麻为原料的麻质植物纤维纸，象岗纸是由苎麻絮和苎麻布等麻纤维制成，放马滩纸质地图、马圈湾纸和金关纸也是由麻纤维构成，这跟当时的经济水平和工艺水平有很大的关系，使用下脚料或废布的好处是处理起来十分简便，价格也更为低廉。东汉时期开始加入树皮或草料，按照一定配比进行混料造纸。《太平御览》卷六〇五引《董巴记》曰："东京有蔡侯纸，即伦也，用故麻，名麻纸，木皮名榖纸，用故鱼网作纸，名网纸也。"《后汉书·蔡伦传》记载"用树肤、麻头及敝布、鱼网以为纸"，其他文献中也提到"故布""鱼网""故鱼网"等，"树肤"即树皮或木皮，为韧皮纤维，麻头、渔网等为麻质纤维。东汉旱滩坡纸由麻类纤维组成，兰州伏龙坪出土的两片墨迹纸均为麻纸类，所用原料中含有麻、草、树皮等几种纤维。

西汉的造纸工艺流程还不成熟，生产的纸张质地粗糙、纤维分布不均匀，大多含有麻绳头或线头。例如，早期的灞桥纸实物质地粗厚，有较多未松散的纤维束，局部甚至有双股细麻绳头；时间稍晚的象岗纸纤维组织分散但不均匀，也有少数未松解的绳头；中颜纸虽然较为粗糙、有较多麻绳头，但更为坚韧、耐折，略精于灞桥纸；制成时间再靠后的马圈湾纸大部分质地较为细腻均匀；接近西汉后期的金关纸性能虽然有明显的提升，其中一片质地细密坚韧、薄而均匀，但依旧含有微量小股线头。经改良工艺抄造的东汉纸更为光滑平整、坚韧耐折，大多可用于书写。额济纳纸可以观察到模糊的帘纹，纸面有六七行文字；尼雅纸表面虽然较为粗糙，但是有墨汁或黑色颜料的痕迹，是迄今存世最早的染色纸；晚期的旱滩坡纸则更为均薄紧密，表面光滑，其中两片较为柔软，纸上留有书写后的墨迹；兰州伏龙坪的文字纸作为铜镜的包裹衬垫物被发掘，质地坚韧，两件均有墨书且字迹较为清晰。

西汉的古纸颜色大多呈黄色系，而东汉的古纸则以白色系为主，这种明显的颜色变化极有可能是因为流程中新增了漂白工艺。放马滩纸和灞桥纸外观皆呈浅黄色；象岗纸腐坏程度较重的区域显现灰黄色，较轻处略显黄色；中颜纸色泽良好，呈乳黄色；马圈湾纸有八片且颜色不一，有黄色、土黄色和白色等；金关纸则呈现暗黄色和白色两种颜色；罗布淖尔纸原件在1937年“长沙大火”中烧毁，没有最新的化验结果可以参照，黄文弼《罗布淖尔考古记》中称其为麻质、白色。东汉时期的尼雅纸未染色边缘呈黄白色；旱滩坡纸共有三片，老化程度较重的呈淡褐色，较轻的为白色；伏龙坪文字纸色泽更优，纸面非常白净。

造纸工艺的流程

中常侍蔡伦扩大造纸原料范围，创造性地加入树皮，并且在全国推而广之，促使造纸业飞速发展。蔡伦所用榖树皮的木素含量低、纤维长、质量纯净，但是很难打散纤维使之帚化。原料的变化和现实的使用需求等因素驱使造纸工艺的改善，结合古纸的性能表现和颜色变化，汉代造纸工艺的流程可以分为西汉和东汉两个阶段。

西汉的造纸工序大致有洗涤、切料、沤煮、舂捣、定型、晾晒揭纸等六大环节，纸张定型所用工艺应该是浇纸法。

洗涤：切料之前，对原料进行淋湿洗涤，麻纤维才更容易被切断，并且可以从本源上去除淤泥类杂质，保证纸张的质量。沤煮之后，对处理好的纸料进行多次洗涤，可去除蒸煮过程中产生的杂色、油脂等，从而提高产出纸张的成色。

切料：使原料变短，便于交织连接和帚化。早期造纸原料主要是废旧的麻布、渔网等纯麻纤维，这些下脚料大小参差不齐，而且麻纤维较为纤长，如果不加处理很难直接用于造纸。未经充分舂捣的灞桥纸、象岗纸和中颜纸等纸面都有许多未打散的纤维束、麻绳头，但总体状况仍较为理想，说明在原料制备阶段就已将原料剪切成易舂捣的小块。

沤煮：这一工序主要是为分离纤维，劳动人民在实践过程中，逐渐总结出各种分离纤维的具体操作方法。“东门之池，可以沤麻”描绘的是生物发酵法，即把原料放在池塘里自然浸泡，微生物在极其有利的情况下快速繁衍，从而达到脱胶脱脂和暴露麻纤维的目的。继承漂絮法中蒸煮劣茧以脱丝胶的工艺，高温蒸煮法是将麻缕等原料投入蒸锅中脱胶并分离麻纤维，这比微生物发酵法效果更好且时间更短。碱液蒸煮法是在蒸煮麻缕时，往沸水中加入碱性物质，如草木灰、蜃灰、生石灰等，发热升温，制备效果又有提升。西汉时，制造纸浆已经采用石灰发酵的沤麻方法。

舂捣：浸沤和蒸煮麻料使纤维分离后，还需要进行舂捣使纤维细化分叉。历代文献对此工序多有描述，漂絮法中，对放在篾席中的次茧进行槌打，算得上是舂捣的雏形。由于人力挥动木槌极其消耗体力并且效果差，工匠发现用舂米的方法舂捣麻料简单省力、效果更佳，所以开始使用原始的石槌对麻料进行舂捣处理。这个时期还未形成完整的打浆工艺，至今为止，出土的西汉纸都没有明显的帚化现象，纤维虽然分散但不甚均匀，并且含有较多小股的麻绳头或线头。

定型：纸张定型有浇纸法与抄纸法两种不同的工艺体系。西汉时期劳动人民应是运用浇纸法造纸：将篾筐放入水中，四周框架略高于水面，浇入浆料后进行震荡，使纤维分散交织均匀，最后将附着纸浆的筐子提出水面晾晒干透。有学者考察了陕西甘肃等地出土的灞桥纸、中颜纸、放马滩纸等西汉纸，认为其原料均为麻质，厚纸类型，表面粗糙，没有抄纸法特征的帘纹，说明并没有经过压榨、抄纸等步骤，确是浇纸法所制造的早期原始纸。

晾晒揭纸：这个时期大多采用自然晾晒的办法，湿纸干透后剥离篾筐，进行舒展压平。早期纸一般用于包装物品或衬垫器物，不用于书写，对纸张光滑度没有太高的要求，据出土实物看，纸张表面无一例外都十分粗糙，颗粒感较重且厚薄不均，无意去打磨纸张使之光滑。

东汉的造纸工序大致有洗涤、切料、沤煮、日光漂白、舂捣打浆、定型、焙干、揭纸研光等八大环节，纸张定型所用工艺应为抄纸法。

沤煮：劳动人民在实践过程中不断寻找效率更高的纤维分离技术，综合前几种方法的经验，又采用多级处理法。汉代的多级处理还较为简单，先将麻缕浸泡于池塘中进行沤料以初步分解胶质，其次把沤过的原料加入碱液进行高温蒸煮，或者再将制备的纸料多次重复浸沤蒸煮，最后洗涤去掉碱性杂质和淤泥。

日光漂白：纸料摊晒于日光下，利用空气中的臭氧进行自然漂白，这种处理方式对纸料纤维的损伤小，生产的纸张坚韧耐久、性能稳定。工艺改良过程中，工匠致力于提高纸张的白度，并在此基础上又染制出麻黄纸、紫纸、银光纸等有色纸。

舂捣打浆：将纸料放入石臼或其他器具中进行舂捣打压制得纸浆。东汉有了较为完备的打浆体系，纤维帚化的程度更加充分，使用的舂捣打浆工具也有所升级，桓谭《新论》中曾提到“宓牺之制杵臼，万民以济，及后人加巧，因延力借身重以践碓，而利十倍杵舂”。有学者对尼雅纸进行了纤维透射光分析，发现此纸的纤维已有一定的分丝帚化，打浆度约为50° SR，侧面印证了东汉的打浆工艺已经较为成熟。此外，由于西汉纸料的打浆程度低，纤维悬浮性差，所以国内外很多纸史学者认为蔡伦时期若没有纸药的发明与应用，难以抄造出均匀可用的纸张，此时期在打浆工序中极有可能加入了纸药。

定型：主要运用抄纸法，将纸模插入浆料中使之附着均匀，再迅速提出水面，过滤水分后晒干或用泥墙焙干。由于浇纸法是将纸浆直接浇到纸模上成型，故而纤维分布不均，纸面也较为粗糙，抄纸法生产的纸张经过压榨，质地则更加紧实，纸面平滑且更有光泽。

研光：用石头或其他光滑的器具在纸面上来回碾磨，可以使纸面光滑平整，更具光泽，提高纸张的外观效果和性能。唐张怀瓘《书断》记载萧子良称赞左伯纸“妍妙辉光”，意指其外观平滑亮丽又光彩夺目，质量极好，出土的东汉古纸表面也都较为光滑，厚度更为均匀，可见这一时期已经出现运用研光工序制造的加工纸。

结　语

与西汉相比，东汉的造纸工序更为完备，纸张质量有了根本的提升，不仅表现在纸料的舂捣打浆更加充分、运用纸模抄纸定型，还表现在开始对成品进行研光处理，生产了一批更具观赏性和实用性的加工纸。汉代大部分造纸工序的原理与基本思想仍适用于现代的造纸工业，探索造纸术起源时期的工艺流程具有重要意义，学术争鸣不会停歇，未来将会有更多的考古新发现，从而加深人们对汉代时期造纸术工序以及发展过程的认识程度。

（作者单位：山东大学历史文化学院）

在教外“锁骨菩萨”一般指延州妇人，而教内亦存在着“钩锁菩萨”的称谓，并以此称呼那罗延。

锁骨菩萨研究补充（上）

李开怀

一、锁骨菩萨相关问题辨正

现存经籍中，“锁骨菩萨”最早出自《太平广记》（汪绍楹点校，中华书局1961年版）卷一百一“延州妇人”条，并言引自《续玄怪录》：

> 昔延州有妇女，白皙颇有姿貌，年可二十四五，孤行城市，年少之子，悉与之游，狎昵荐枕，一无所却。数年而殁，州人莫不悲惜，共醵丧具为之葬焉。以其无家，瘗于道左。大历中，忽有胡僧自西域来，见墓，遂趺（明抄本趺作敷）坐具，敬礼焚香，围绕赞叹数日。人见谓曰："此一淫纵女子，人尽夫也，以其无属，故瘗于此，和尚何敬耶？"僧曰："非檀越所知，斯乃大圣，慈悲喜舍，世俗之欲，无不徇焉。此即锁骨菩萨，顺缘已尽，圣者云耳。不信即启以验之。"众人即开墓，视遍身之骨，钩结皆如锁状，果如僧言。州人异之，为设大斋，起塔焉。出《续玄怪录》。

文中的“锁骨”指“钩结如锁状”的全身之骨。“锁骨”在佛经中较为常见，多被认为是佛身三十二相或八十种好之一。在教外“锁骨菩萨”一般指延州妇人，而教内亦存在着“钩锁菩萨”的称谓，并以此称呼那罗延。

毗湿奴（Viṣṇu）本为婆罗门教——印度教中的一位神祇，后被佛教吸收为护法神，且多称其为那罗延（Nārāyaṇa），同时那罗延又称那罗延天、毗纽天、遍入天、婆薮天或八臂天。在佛教文献中，那罗延以其力量之大而闻名。《佛本行集经》卷十九提到他“勇健多力，如那罗延，无有怨敌，能降伏彼”。《一切经音义》卷四十一“那罗延”条：“那罗延，梵语欲界天名。此天多力，身缘金色，八臂；金翅鸟王，手持斗轮及种种器杖，每与阿修罗王战争也。”

锁骨作为佛身的一个特质，常被认为是佛（或菩萨）神力的象征。随着译经活动的推进，在译经者与信众的观念中这种神力逐渐与那罗延力产生联系。竺法护所译《等集众德三昧经》首次以“钩锁菩萨”（有时言“钩锁力士”）称呼那罗延，并认为佛身之所以拥有巨力，是因为其身具“钩锁骨”。在之后的《涅槃经》与各本《阿毗昙毗婆沙论》等佛典中，锁骨被视作那罗延身有巨力的原因，现涉及那罗延的研究亦多从此论。

鸠摩罗什所译的《集一切福德三昧经》是《等集众德三昧经》的异译经书，二者经文的文字、内容与思想高度相似。然而在涉及“钩锁菩萨”称谓、那罗延与锁骨的关系等问题时，什译却体现了与竺译及以上观念相异的认识，具体表现为：

1.什译在“那罗延”与“那罗延力”的译法上与竺译不同，并广泛体现在经文之中，呈现出全面的不从竺译的特点。总而言之，鸠摩罗什似乎并不认同“钩锁菩萨”这一称谓。

2.什译经文中不见佛身之巨力来源于锁骨的表述。

3.什译及相当数量的佛经不认为那罗延的神力来源于锁骨，同时将锁骨与那罗延身严格区分，且认为那罗延身象征着坚固义。

以上观点尚未被目前相关研究全面认识，下以具体经文作进一步阐释。

竺法护率先以“钩锁菩萨”来称呼那罗延，《等集众德三昧经》卷上：

> 一时佛游于维耶离大树重阁精舍，与大比丘众俱；比丘一万，皆学戒具足晓了圣达；菩萨二万……其名曰：……法意菩萨、慈氏菩萨、溥首菩萨、钩琐菩萨。释梵四王天及诸天子，万四千人，亦皆来会。

尔时世尊与无央数百千之众眷属围绕而为说经，欲放躯命，自期三月当取灭度。钩琐菩萨即从坐起，更整衣服偏袒右肩，长跪叉手而白佛言……佛告那罗延菩萨曰："善哉，善哉！多所哀念，多所安隐，伤愍诸天、世间人民，乃问如来如斯之谊。谛听，谛听！善思念之！当为仁说，菩萨大士所行殊特无量之德。"

钩锁白佛："愿乐欲闻。"钩锁菩萨及与众会受教而听。

以上是《等集众德三昧经》卷首的经文，讲佛陀于维耶离大树重阁精舍开法会，其间钩锁菩萨向佛陀问法。而后文佛陀回应钩锁菩萨时则作"佛告那罗延菩萨曰"，名谓变为"那罗延菩萨"，但在之后又转回"钩锁菩萨"。虽然其间称谓数次变动，但可以确定钩锁菩萨即那罗延菩萨，且竺法护更常使用"钩锁菩萨"这一称谓而非"那罗延菩萨"。与此经为同经异译的《集一切福德三昧经》则作：

一时佛在毗舍离庵罗树园大法讲堂，与大比丘众十千人俱——皆阿罗汉，诸漏已尽，无复烦恼；心得自在、心得好解脱、慧得好解脱，其心调柔如大龙王；所作已办，舍离重担，逮得已利，尽诸有结，到于彼岸——菩萨摩诃萨二万人俱……弥勒菩萨摩诃萨、文殊师利童子菩萨摩诃萨、那罗延菩萨摩诃萨，如是上首二万菩萨。复有四万天子——皆向大乘——及余无量释梵护世。

在菩萨的名称和次序上，《等集众德三昧经》作"慈氏菩萨、溥首菩萨、钩琐菩萨"，《集一切福德三昧经》作"弥勒菩萨摩诃萨、文殊师利童子菩萨摩诃萨、那罗延菩萨摩诃萨"，慈氏菩萨即弥勒菩萨，溥首菩萨即文殊师利童子菩萨的前身。钩锁菩萨亦与之对应，为那罗延菩萨。虽然竺译在前，但鸠摩罗什在翻译时仍选择旧有音译，而不从竺法护的译法，这一现象在二者异译的经文中多次出现，如《等集众德三昧经》卷上：

佛告目连："十凡象力，则不如一正象之力；十正象力，不如一龙象

> 力……百具足力士力，不如一大钩锁力士力；百大钩锁力士力，不如一法忍菩萨力；百法忍菩萨力，不如一究竟菩萨力；百究竟菩萨力，不如一生补处菩萨功德之力，适生堕地则行七步。”

而《集一切福德三昧经》卷上此处作：

> 佛告目连：“……一切四天中天子力等一天王力……十魔王力等半那罗延力、十半那罗延力等一那罗延力、十那罗延力等一大那罗延力、十大那罗延力等一百劫修行菩萨力、十百劫修行菩萨力等一千劫修行菩萨力……十十地菩萨力等一后身菩萨力。是故，目连！菩萨成就如是力故，生便即能行于七步。”

竺法护译为“钩锁力士力”，鸠摩罗什则译为“那罗延力”。两种不同的翻译实质上反映了二者观念的不同，这类观念涉及锁骨与力量的联系，并进一步体现在后文对佛陀身力的论述中。《集一切福德三昧经》卷上谈佛陀身力：

> 尔时，有大力士名曰净威，成就大力，居毗舍离大城，作如是念：“我大力士成就大力，阎浮提中所有众生无有大力与我等者。我先闻有沙门瞿昙成就大力，具足十力那罗延身。”

《等集众德三昧经》卷上此处经文则作：

> 是时维耶离大城中有大力士，名维摩罗诘，心自念言：“吾为力士，于斯天下力势强盛无有伦匹，曾闻沙门瞿昙猛势无量，其力巍巍总要有十，体诸骨解犹如钩锁而得自在。吾欲往试，观铨其道，于我孰逾。”

二人对佛陀身力的认识存在较大差异，《等集众德三昧经》认为沙门瞿昙（佛陀）“其力巍巍”的原因是“体诸骨解犹如钩锁而得自在”，反映了佛陀身力的象征与来源为体内钩锁之骨，而鸠摩罗什作为后译者却并不从此说法，所译经文没有类似的记述。

《等集众德三昧经》认为锁骨是佛陀身力来源的这一观念，也体现在其他经文中。昙无识所译《大般涅槃经》卷十一的论述更为细致：

> 如十小牛力不如一大牛力……十钵健提力不如一八臂那罗延力，十那罗延力不如一十住菩萨一节之力。一切凡夫，身中诸节，节不相到。人中力士，节头相到。钵健提身，诸节相接。那罗延身，节头相拘。十住菩萨诸节骨解，盘龙相结，是故菩萨其力最大。

此段经文与前文所列《三昧经》的表述相似，都归纳了不同力量的递进层级。但《大般涅槃经》进一步解释了佛或菩萨具有超然大力的原因：力量与骨节的联结程度紧密联系。那罗延之所以拥有巨力是因为其“节头相拘”，由“相到”至“相接”再到“相拘”，骨节的联结程度逐次上升。而十住菩萨则更进一步，其骨节“盘龙相结”，最为紧密，故“菩萨其力最大”。所以，那罗延之所以拥有巨力是因为其身内“骨节钩连”的这一特质，同时那罗延力起到衡量佛力的作用。张总在《九华地藏信仰起源之佛典“锁骨钩鸣”》(《池州学院学报》2012年第1期）中已注意到这一表述，并征引了不少论及力量与锁骨关系的佛典文献进行讨论。相关文献具体可分为三部分：一是竺法护所译佛经经文；二是《涅槃经》与各本《阿毗昙毗婆沙论》；三是一些年代较晚的注释类经书，如澄观《涅槃经会疏》、宋有严注《止观辅行助览》、清智铨《法华经玄赞鉴释》等。张总先生在分析这些文献后认为那罗延的力量由锁骨赋予，与佛或菩萨相同。但还有很多文献的记载与此矛盾，故这一结论还有待商榷，需要全面讨论。

在检阅大量经文之后发现，将那罗延称作“钩锁菩萨”或“钩锁力士”的这类表述基本只见于竺法护所译经文，而几不见于其他佛经。在《等集众德三昧经》中，“钩锁”第一次作为那罗延的称谓，锁骨成为佛力的象征与来源，钩锁力士力与菩萨力在递进逻辑上相统一。这些观念在后世的佛经中不断出现，并被进一步具体化，最终在众多佛经所构建的逻辑体系中，锁骨被认为是那罗延力量的来源。

在同经异译的情况下，鸠摩罗什与竺法护的译法差异则体现了这一分歧——那罗延的力量来源是否为锁骨。鸠摩罗什所译经文中呈现了一种截然不同的观念：锁骨的确是力量的来源，那罗延确实拥有巨力，但那罗延并不具备锁骨特征，其力量来源亦并非锁骨，在更多情况下那罗延象征着“坚固”。

那罗延身虽然象征着巨力，但在绝大多数佛经中，特别是当与锁骨并述时，那罗延身仅代表一项神力——“坚固”。在这种情况下，那罗延并无“锁骨钩连”这一特质。认为那罗延具有锁骨特征，并且其力来源为锁骨的这种观念不见于多数佛经。鸠摩罗什所译《妙法莲华经》卷七即反映了那罗延身所象征的坚固义：

> 是菩萨目如广大青莲华叶，正使和合百千万月，其面貌端正复过于此，身真金色，无量百千功德庄严，威德炽盛，光明照曜，诸相具足，如那罗延坚固之身。

此外，还有相当多的佛经论述那罗延所象征的“金刚”或“坚固”义，如曹魏康僧铠译《佛说无量寿经》卷上：

> 设我得佛，国中菩萨不得金刚那罗延身者，不取正觉。

东晋佛驮跋陀罗译《大方广佛华严经》卷四十六：

> 愿心坚固，以大庄严而自庄严，心无疲倦，勇猛精进，心不退转，具不可坏净信心力，金刚那罗延所不能坏。

北凉昙无识译《悲华经》卷一：

> 示现是已，为虚空印菩萨摩诃萨示现那罗延三昧：“汝得是定，便当得受金刚之身。”

隋阇那崛多译《佛本行集经》卷二十七：

彼身硬如那罗延，难可破坏四谛体，忍辱铠甲三脱刀，执智慧箭降我等。

上述各经经文充分体现了那罗延所代表的“坚固”特质。同时，“身坚实如那罗延”是八十好的一种，常见于记述“好”的佛经中，且“锁骨”是与“那罗延身”相区分的，这种认识与认为那罗延身具有锁骨的观念截然不同。如鸠摩罗什译《坐禅三昧经》卷上：

复次八十种小相：一者、无见顶。二者、鼻直高好孔不现。三者、眉如初生月绀琉璃色。四者、耳好。五者、身如那罗延。六者、骨际如钩锁。七者、身一时回如象王。

北魏菩提留支译《大萨遮尼乾子所说经》卷六：

二十六者、沙门瞿昙身诸相好无能嫌者；二十七者、沙门瞿昙身力无敌如那罗延……四十七者、沙门瞿昙骨节相连如似钩锁。

梁真谛译《佛说无上依经》卷下：

阿难！何者如来八十种好？一者无见顶，二者顶骨无颏……八者身坚实如那罗延，九者身分不可坏，十者身节坚密，十一者身一时回如象王。

陈月婆首那译《胜天王般若波罗蜜经》卷七：

文殊师利！云何名为八十种好？一、无能见顶；二、顶骨坚实……八、身坚实，如那罗延；九、身分不可坏；十、身节坚密；十一、合身回顾犹如象王。

唐玄奘译《大般若波罗蜜多心经》卷三百八十一：

> 世尊筋脉盘结坚固深隐不现，是为第五。世尊两踝俱隐不现，是为第六……世尊支节渐次圆妙善安布，是第十二。世尊骨节交结无隙犹若龙盘，是第十三……世尊身分坚固充实逾那罗延，是五十二。

唐地婆诃罗译《大乘百福相经》：

> 文殊师利！如是佛身所有随好，略说其数有八十种：一者肉髻高显无能见顶；二者鼻高修直孔不外现；三者眉如初月又绀青色；四者耳轮埵成；五者身坚如那罗延；六者骨节相连如钩锁；七者行时去地四寸，印文成就。

以上为晋至唐涉及八十好的经文，每处经文都分述锁骨与那罗延身，将二者列为两种不同的好。各经所谓“那罗延身”皆是坚固之身义，与佛身“钩锁骨”并不同。可知这些佛典认为那罗延并无“锁骨”这一特征，持这种观念的鸠摩罗什在译经时尤为慎重：与竺译不同，他沿用旧译以称呼“那罗延”，在《坐禅三昧经》中将代表坚固的“那罗延身”与“锁骨”相区分。那罗延身不具锁骨的这一观念在鸠摩罗什所译各经中是高度一致的。

值得注意的是，竺法护将那罗延译作“钩锁”的这一译法在汉译佛经中仅此一例，目前也并无更早的文献资料证实那罗延具有锁骨这一身体构造。他在经中反复重复此项称谓，还进一步将那罗延身纳入佛教的身力体系。而随着后世佛经不断被译入，这一认识被不断具体化与经典化，进一步推动了锁骨象征着神力这一观念的流传，“锁骨菩萨”故事的产生与此密切相关。所以在研究锁骨菩萨时，辨别“钩锁菩萨”及关注锁骨含义的衍化是十分重要的。

二、《延州妇人》的版本与文本问题

历代书目多有著录《续玄怪录》的版本情况，《新唐书·艺文志》载李复言《续玄怪录》五卷，晁公武《郡斋读书志》载《续玄怪录》十卷，陈振孙《直斋书录解题》言《馆阁书目》与《新唐书·艺文志》所载相同，俱作《续玄怪录》五卷，《宋史·艺文志》亦作五卷。

《续玄怪录》存世刻本有两类三种，一类为附于牛僧孺《玄怪录》后的合刻本，分别为明高承埏稽古堂刻本附《续玄怪录》两卷，明书林陈应翔刻本附《续玄怪录》一卷。另一类为单行本，为南宋临安府尹家书籍铺刻本《续幽怪录》四卷。以上诸本与上述著录皆不合，且《太平广记》《说郛》等书所引作《续玄怪录》的部分逸篇亦不见于今本《续玄怪录》，故今存各本《续玄怪录》很可能已有佚失，并非原本。

其中《延州妇人》俱不见于以上三种刻本，而是被收录于《太平广记》卷一百一《释证三》之中。今人在编订《延州妇人》时，《太平广记》系统文本（包括明谈恺刻本与沈氏野竹斋抄本）并不应该成为研究《延州妇人》的唯一考量，其他书籍所引的《延州妇人》文本都可作参考。故《山谷内集诗注》任渊注中所引的《延州妇人》文本有着重要价值，其文本见《戏答陈季常寄黄州山中连理松枝二首》其二（《黄庭坚诗集注》，中华书局2003年版）中“金沙滩头锁子骨，不妨随俗暂婵娟”一句任渊注：

> 《传灯录》：“僧问风穴：‘如何是佛？’穴曰：‘金沙滩头马郎妇，世言观音化身。’”未见所出。按《续玄怪录》：“昔延州有妇人，颇有姿貌，少年子悉与之狎昵。数岁而殁，人共葬之道左。大历中，有胡僧敬礼其墓曰：‘斯乃大慈悲喜舍，世俗之欲，无不徇焉。此即锁骨菩萨，顺缘已尽尔。’众人开墓以视，其骨钩结，皆如锁状。为起塔焉。”马郎妇事，大率类此。

可见任渊注所引的《延州妇人》文本与《太平广记》的文本存在相当差异。任渊约生于北宋元祐五年（1090），卒于南宋隆兴二年（1164），少时曾从黄庭坚学诗。《山谷内集诗注》初稿完成于北宋政和元年（1111），后经多番增补修改，于绍兴二十五年（1155）刊行问世。

任渊《山谷内集诗注》与史容《山谷外集诗注》及史季温《山谷别集诗

注》合为《山谷诗集注》广传于世。从成书时间考虑，任渊注与《太平广记》所引的《延州妇人》文本俱为宋代的文本，较其他书目的引文更早，故二者的研究价值不可忽视。且现仍可窥见宋代《山谷内集诗注》全貌，《藏园订补郘亭知见传本书目》（莫友芝撰，傅增湘订补，傅熹年整理，中华书局2009年版）记载世存《山谷诗集注》的版本情况：

1.清影写宋刊本《山谷诗前集注》二十卷。

2.日本古刻本《山谷诗集注》二十卷，为“从宋绍定五年壬辰诸孙黄埒刊本出”。

3.朝鲜古刊本《山谷内集诗注》二十卷，“十行十七字，白口，四周双阑。唯别集为四周单栏。内集前任渊序，绍兴二十五年许尹序，次目录、年谱。外集前有嘉定元年钱子文序，次目录，目前有史容小引”。

而在莫友芝和傅增湘两位先生的记录之外，现仍存日本翻刻宋绍兴本《山谷内集诗注》二十卷。刘向荣先生在《黄庭坚诗集注·校点说明》中提到黄庭坚文集的版本分全集系统与诗注系统，并言全集系统中诗文混编，不利于编排山谷之诗。所以中华书局“这次整理黄庭坚诗集，采用的是诗注本，而以全集本作校勘和补遗”。所用底本为清光绪间陈三立覆宋刊《山谷诗注》，其中任渊《山谷内集诗注》在《黄庭坚诗集注》的第一、二册。

关于这两个文本系统的《延州妇人》差异，则以刘向荣先生点校《黄庭坚诗集注》中任渊注的文本与汪绍楹先生点校的《太平广记》的文本对比呈列：

表八　　《山谷内集诗注》（简称《诗注》）与《太平广记》（简称《广记》）中《延州妇人》差异对比

《山谷内集诗注》	《太平广记》
昔延州有妇人	昔延州有妇女
颇有姿貌	白皙颇有姿貌
	年可二十四五，孤行城市

续表

《山谷内集诗注》	《太平广记》
少年子悉与之狎昵	年少之子，悉与之游，狎昵荐枕，一无所却
数岁而殁	数年而殁
	州人莫不悲惜
	共醵丧具为之葬焉。以其无家
人共葬之道左	瘗于道左
大历中	大历中
有胡僧敬礼其墓曰：	忽有胡僧自西域来，见墓，遂趺坐具，敬礼焚香，围绕赞叹数日。
	人见谓曰："此一淫纵女子，人尽夫也，以其无属，故瘗于此，和尚何敬耶？"
	僧曰：非檀越所知
斯乃大慈悲喜舍	斯乃大圣，慈悲喜舍
世俗之欲，无不徇焉	世俗之欲，无不徇焉
此即锁骨菩萨	此即锁骨菩萨
顺缘已尽尔	顺缘已尽，圣者云耳
	不信即启以验之
众人开墓以视	众人即开墓
其骨钩结，皆如锁状	视遍身之骨，钩结皆如锁状
	果如僧言。州人异之
为起塔焉	为设大斋，起塔焉

由文本对比可知：

1.两个文本之间的故事情节差异不大。在地点和时间上二者完全一致，俱为"延州"及"大历中"。主角都是"延州妇人（女）"，出场人物也基本相同，如"年少之子""州人"，以及关键人物"胡僧"。主要剧情都为延州妇人与少年子们狎昵且数年后死亡，最后由胡僧揭晓其身份，其中关键的

“锁骨菩萨”称谓与“钩结如锁状”的锁骨都是完全一致的，二者具有基本相同的情节框架。

2.《广记》文本较《诗注》更为完整，在剧情上二者差别不大。首先，《广记》对延州妇人外貌多了“白皙”这一描写，带有更强的感官冲击。其次，《广记》中“年可二十四五，孤行城市”的叙述则更为全面，在补充延州妇人的年龄之余，“孤行城市”的这一人物活动带有强烈的神秘感，塑造了茕茕孤行的人物形象。之后的“州人莫不悲惜”较于《诗注》文本的平铺直叙，人物的情感色彩亦为故事增色。《广记》中胡僧“敬礼焚香”的这一系列活动，设置了相当的悬疑性与神秘感。而州人对胡僧行为的疑惑，特别是“此一淫纵女子”这一世俗层面的概括与评价对制造情节冲突起了重要作用。总而言之，《诗注》与《广记》中《延州妇人》文本在整体情节上差别不大，不过《广记》的情节与叙述较《诗注》更为丰富完整。由于《太平广记》自身的体例与特性即是记录完整故事，而通常情况下，诗歌的注释则旨在介绍诗句的用典出处与内容，对内容的适当缩略是较为常见的。从这一角度考虑，无法断定二者孰更近故事原貌。然而从文本角度出发，二者的最大差异并非剧情的参差，而是相同情节的具体文本差异，这即引向第三个方面——具体文本的差异。

3.《诗注》与《广记》中《延州妇人》的具体文本存在差异，《广记》的文本很有可能存在衍文。上表将二者内容相近的文字排列于同行，可以直观地发现二者具体文本的差异：

《山谷内集诗注》：

斯乃大慈悲喜舍，世俗之欲，无不徇焉。此即锁骨菩萨，顺缘已尽尔。

《太平广记》：

斯乃大圣，慈悲喜舍，世俗之欲，无不徇焉。此即锁骨菩萨，顺缘已尽，圣者云耳。

“斯乃大慈悲喜舍”和“斯乃大圣，慈悲喜舍”，以及“顺缘已尽尔”与“顺缘已尽，圣者云尔”的差异，是不可轻易忽视的整体句意差别与文字衍佚。《太平广记》所引《延州妇人》文本中“圣”及“圣者云”很有可能是衍文，原句当作“斯乃大慈悲喜舍，世俗之欲，无不徇焉。此即锁骨菩萨，顺缘已尽尔（耳）。”理由如下：

1.《广记》中的“斯乃大圣”与“此即锁骨菩萨”二句都是揭示延州妇人身份的语句，但前后不免重复。2.“圣者云耳”一语无得其解，此“圣者”所指何人、又云何事，文中俱不见对应语句，较为突兀。而任注文本则较为通畅，语无滞碍。3.其中“圣”“圣者”的这一身份表述，很有可能是马郎妇故事混入所导致的，下列宋时文献所载马郎妇故事为例。

宋志磐撰《佛祖统纪》卷四十一记载：

数日有紫衣老僧至葬所，以锡拨其尸。挑金锁骨谓众曰：“此普贤圣者，闵汝辈障重故垂方便，即陵空而去。”

宋本觉编集《释氏通鉴》卷十记宪宗元和丁酉年（十二年）事：

数日有老僧，仗锡来诣马氏。问所由，马氏引至葬所。僧以锡拨开，见尸已化，唯金锁子骨在焉。僧以骨挑锡上，谓众曰：“此圣者悯汝等障重，故垂方便化汝。宜思善因，免堕苦海。”忽飞空而去，自此陕右奉佛者众。

宋祖琇撰《隆兴编年通论》卷二十二：

未数日有老僧紫伽黎姿皃古野仗锡来仪，自谓向女子之亲，诣马氏问其所由。马氏引至葬所，随观者甚众。僧以锡拨开，见其尸已化，唯金锁子骨。僧就河浴之，挑于锡上谓众曰：“此圣者悯汝等障重缠爱，故垂方便化汝。宜思善因，免堕苦海。”忽然飞空而去，众见悲泣瞻拜。自是陕右奉佛者众，由妇之化也。

今各版本马郎妇故事皆不见以妇人为锁骨菩萨的表述，都录作“圣者”。故《广记》文本中“圣”“圣者云耳”两处可能是马郎妇故事混入所导致的衍文。而任渊在注文末加“马郎妇事，大率类此”一句，一方面体现了宋代延州妇人与马郎妇故事的相似性已然被认识。另一方面，可见任渊是清楚马郎妇故事剧情的，由此观之，任渊注中延州妇人的文本难与已然被区分的马郎妇文本相混淆。

但《太平广记》的成书时间早于《山谷内集诗注》，并且《诗注》存在引用《太平广记》的现象，所以任渊注所引的《延州妇人》故事是否引自《广记》是亟须讨论的问题，故下文结合《诗注》引文涉及《广记》的情况具体分析。检《诗注》知其有四处引自《太平广记》，其一为《次韵吴宣义三径怀友》中"佳眠未知晓，屋角闻晴哢"句下任渊注：

> 王羲之帖云："向宅上静，佳眠，都不知足下来门。"老杜诗："红稠屋角花。"退之《送郑校理诗》曰："鸟哢正交加，杨花共纷泊。"〇《广记》：郑郊谒友人于陈蔡，路逢一冢，有竹两竿。郑为诗曰："冢上两竿竹，风吹常袅袅。"冢中赓之曰："下有百年人，长眠不知晓。"又古诗："春眠不觉晓，是处闻啼鸟。"

此处引文出自《太平广记》卷三百五十四《鬼三十九》"郑郊"条：

> 郑郊，河北人。举进士下第，游陈蔡间。过一冢，上有竹二竿，青翠可爱。因驻马吟曰："冢上两竿竹，风吹常袅袅。"久不能续。闻冢中言曰："何不云'下有百年人，长眠不知晓。'"郊惊问之，不复言矣。

可见《诗注》引《广记》并不求完全一致，而是以概括为主，但其中引用的诗句"冢上两竿竹，风吹常袅袅"和"下有百年人，长眠不知晓"则与《广记》原文一字不差。

任注引《广记》又见《诗注》卷十八《鄂州南楼书事四首》其一"清风明月无人管，并作南楼一味凉"句下注：

> 退之诗："曲江荷花盖十里。"又《太平广记》鬼诗："明月清风，良宵会同。"

原文见《太平广记》卷三百二十九“刘讽”条：

> 歌曰：“明月秋风，良宵会同。星河易翻，欢娱不终。”

《诗注》作“明月清风，良宵会同”，而《广记》作“明月秋风，良宵会同”，似乎此处《诗注》引《广记》出错，但实际上并非如此。《太平广记》中“刘讽”一条乃引自《玄怪录》，而今两种明刊本《玄怪录》中“刘讽”一文并未佚失，收录于卷六，检《玄怪录》原文作：

> 歌曰：“明月清风，良宵会同。星河易翻，欢娱不终。”

《玄怪录》恰好作“明月清风”，与《诗注》同。此外亦有一旁证，《诗话总龟》的一处记载切实地反映了此诗的背景及《太平广记》此句的原貌。《诗话总龟》前集卷三十九引《王直方诗话》：

> 刘讽参军宿山驲，月明，有女子数自屋后来，命酌庭中，歌曰：“明月清风，良宵会同。星河易翻，欢娱不终。绿樽翠杓，为君斟酌。今夕不饮，何时欢乐。”此《广记》所载诗也。山谷曰：“当是鬼中曹子建所作。”东坡亦以为然。又有一篇云：“玉户金缸，愿侍君王。邯郸宫中，金石丝簧。郑女卫姬，左右成行。纨绮缤纷，翠眉红妆。王欢转眄，为王歌舞。愿得君欢，长无灾苦。”苏公以为“邯郸宫中，金石丝簧”此两句不唯人少能作，而知之者亦极难得耳。皆醉中为余书。张文潜见坡、谷论说鬼诗，忽曰：“旧时鬼作人语，如今人作鬼语。”二公大笑。

《百家类说》《诗话总龟》与《苕渔隐丛话》等俱引《王直方诗话》此则。关于王直方的生平，《郡斋读书志》称：“元祐中，苏子瞻及其门下士，以盛名居北门东观。直方世居浚仪，有别墅在城南，殊好事，以故诸公亟会其家，由是得闻绪言余论，因辑成此书。然其间多以己意有所抑扬，颇失是非之实。”故此则很有可能是王直方与苏、黄二人交游所录实事，且言“此《广记》所载诗也”，可证其时所见《广记》原文确为“明月清风，良宵会同”，所以《山谷内集诗注》并非错引。由此例可知任注引文之准确，再加之今本《广记》已非宋时文本，错谬不少。所以即使任注中《延州妇人》文本引自《广记》，其准确度亦是较为可信的。

《诗注》引文之准确，还见于《诗注》与《广记》都引同一材料的情况。如《诗注》卷六《咏雪奉呈广平公》“风回共作婆娑舞，天巧能开顷刻花”一句下任渊注：

> “共”字旧作“解”，又作“乍”。〇曹子建《洛神赋》曰：“飘飘兮若流风之回雪。”老杜诗：“急雪舞回风。”《诗·东门之枌》注云：“婆娑，舞也。”《本事诗》：“陆畅《雪诗》曰：‘天人宁底巧，翦水作飞花。’”沈玢《续仙传》殷七七诗云：“解酝逡巡酒，能开顷刻花。”

而《广记》亦引此诗，见卷五十二“殷天祥”条：

> 解酝顷刻酒，能开非时花。

可见此处任注和《广记》引文差别较大。然而原书《续仙传》今仍存，检原文正作“解酝逡巡酒，能开顷刻花”。此外，《云笈七签》《诗话总龟》等书所引此句亦同。故可见《诗注》征引此则典故的具体诗句时实录原书原文，《广记》则错引。又《诗注》引《延州妇人》列出处为《续玄怪录》，而不列《太平广记》，再加之晁公武时仍见《续玄怪录》十卷，所以任渊有可能见到其时尚未佚失的足本《续玄怪录》。

由以上三例可见任渊注文所引文本之准确，故较之错谬甚夥的《太平广记》文本，任注所引的《延州妇人》文本可信度并不低，《广记》引文是有可能出错的。

以上即是本文对锁骨菩萨部分问题的具体辨正，以及对《延州妇人》版本与文本问题的一些探讨。

（作者单位：山东大学尼山学堂）

取法唐宋的别种风貌

——论侯方域文章的小说气与纵横气(上)

雒易寒

有清一代，桐城派以古文义法风行一时，郭象升指出姚鼐编《古文辞类纂》“以震川接八家，取中间四百年作者，一切抹杀。以方、刘接震川，取中间百余年作者，一切抹杀”(郭象升:《文学研究法》)。但清初致力于古文，复讲唐宋以来矩镬者实有魏禧、汪琬、侯方域等人，在士子竞为新异之时导扬韩柳欧苏，实为桐城先蹈。然而这几人中，只有汪琬的《尧峰文钞》进入《四库全书》，其他诸家或略去不提，或被馆臣贬抑，到乾隆中叶，侯方域《壮悔堂文集》更是因“语有失体”(《清代档案史料纂修四库全书档案》)而遭禁毁。其中原因，或许可从宋荦编选《国朝三家文钞》时刊落《马伶传》《李姬传》《兵谋》等文章的举措中稍窥端倪，除汪琬轨辙纯正外，魏禧“为儒者所不道”，侯方域“近唐人小说”(宋荦、许汝霖编:《国朝三家文钞》)，都不符合清朝文治所要求的醇雅标准。侯方域也正是因为语近小说而被桐城派批驳。但清初诸人学习唐宋古文辞本就各人自有其理路，桐城派以后世标准尽数刊落，诚为可惜。本文将从创作理论之由来，对于韩愈及苏洵的取舍与学习上探究侯方域的古文理念和实践，以窥桐城派未起之时，地方人士如何从自己的性情学养出发追摹唐宋，以才为文的创作又是怎样发挥其最大限度。

一、创作理念之由来

《文心雕龙》的《才略》一篇提到“子建思捷而才俊，诗丽而表逸；子桓虑详而力缓，故不竞于先鸣”，用才的捷与缓造就了诗文的不同风格。侯方域的小说气、纵横气也正导源于他的创作理念。以下将从以才为文和尚变两个方面论述其由来与影响。

以才为文渊源自何处？他在《倪涵谷文序》中已经有所揭示：“余少游倪文正公之门，得闻制艺绪论。公教余为文，必先驰骋纵横，务尽其才，然后轨于法。”（侯方域撰，王树林校笺：《侯方域全集校笺》）根据《侯方域年谱》，崇祯元年冬，时年十一岁的侯方域拜入倪元璐门下，此后也一直与老师保持着密切的联系，在倪元璐殉难后和其子孙族人依然有着交往酬唱。今翻阅《倪文贞集》，从一些时文的序言当中可知倪元璐对于“才”与“法”的观念，《选丁卯江西墨序》中他针对“文章有鬼道”“天下之二毒者相伐，无艺也”的现状，提出“制奇平华朴四纲”。而振起四纲的关键在于才：“奇平华朴苟皆以其才为之，则其于体均有矣，使四者各有其体，则文之体正天下，有此四正者，则天下之二毒者止矣。”（倪元璐：《倪文贞集外四种》）这就和通常的“以道振文”观念大不相同。对“才”的重视有时超过了“法”，比如《陈再唐海天楼书艺序》中他谈道，“破先民之律度，而自用其才，则有才无法”，尽管没有按照古人程式循规蹈矩地写文章，但如果自用其才，同样可以创作出好作品，就像“漳海莱阳数子，力致其沉玄，而其情类子”。他还很强调“情”对于“才”的作用，认为“文章欲一日名天下亦不难，但使临文情见灵生，即其才自极耳”，运才的前提是情灵充沛。又说：“二十年来文章之道则已三变，初变为董戴，再变进为经史，三变又退为成宏，此三者皆可以霸，顾必皆以有其情灵为佩符当璧，否皆蛙紫。”（《倪文贞集外四种》）不论宗尚何种文风，总归是要有情才能写出好文章。尽管倪元璐的“以才为文”还都局限在时文领域，但侯方域却在之后将这一宗旨推衍至其他文类的创作当中，储大文说：“先生盖繇文正《东林》、《要典》诸疏议，通要旨于古文辞而弥晋而扩之”（储大文：《存研楼文集》），就是点明了他对于倪元璐的继承与发展。

侯方域对于“才”的阐扬，则因创作文类的丰富和理论的进一步分析显得更具系统性。在《倪涵谷文序》中，他以一连串生动的比喻描绘了临文用才时的情境：“所谓驰骋纵横者，如海水天风，涣然相遭，濆薄吹荡，渺无涯际；日丽空而忽黯，龙近夜以一吟；耳凄兮目骇，性寂乎情移。文至此，非独无才不尽，且欲舍吾才而无从者。此所以卒与法合，而非仅雕镂组练，极众人之炫耀为也。”文士才思飞动写下的文章与行文之自然规律相合，而刻意修饰文辞的小伎俩只是“雕镂以章金玉之观，组练以侈锦绣之华而已”。他又以苏洵的“风行水上者，天下之至文也”引申出“气”“质”的概念：“风之所以广微无间者，气也；水之所以澹宕自足者，质也。风之气萧然而疏，然有能御风者耶？水之质泊然而柔，然有能划水者耶？故曰气莫舒于风，质莫坚于水。”人具有“风一般的气”和“水一样的质”，才能使文章驰骋纵横。而“气”与“质”又都是由才生发出来的：“所以能扶质而御气者，才也；而气之达于理而无杂糅之病，质之任乎自然而无缘饰之迹者，法也。”才统驭“气”“质”，使“气”表现为“顺畅的思理和精醇的义理的融合”（成复旺、黄保真、蔡钟翔：《中国文学理论史》），使“质”表现出“清水出芙蓉，天然去雕饰”的美感，这些都与艺术规律自然相合，也就是“尽其才，然后轨于法”。

此外，党社运动中与士人的交游活动对其创作理论的影响亦不可忽略。明末“天下之士，亦莫不砥砺节行，唱和声气，相聚于丰镐旧京之地，以文学为贽而修同人之业”（《侯方域全集校笺》），侯方域也因主盟复社而广交文人侠士。但复社内部实有不同之派系流别，文学主张亦因地域师承而有着差异（参见李新：《陈子龙诗文创作与文学思想》；朱倓：《明季南应社考》）。陈子龙就曾在《答归德侯朝宗》中讲道：“吴下僻在海堧，然自孙氏立国以来，文献日盛，秀伟相承，光于中下。近之继响，颇多斐然。吴郡、鄙州均有俊士，然吴郡轨宗惇实，意主楷模；鄙州追希英迈，志在扶济。虽在同干，不无异枝。”（陈子龙撰，上海文献丛书编委会编：《陈子龙文集》下册）吴中士子深研经义，文风厚重醇实，比如张溥就曾表示：“务专根本，选言必要诸理，择学必繇于圣。”（张溥：《七录斋合集》）而陈子龙为代表的云间士子则经学基础相对薄弱，云间六子之一的李雯即于晚年叹息自己“于经术之学未切磋究之”（李雯:《蓼斋集》）。今检阅侯方域文集，可知其与云间士子的交往要更为密切，诗歌酬唱也更多。在《大寂子诗序》中他回忆了和云间六子逐一订交的过程:“忆余年十八岁，交孝廉及考功、黄门；又四年，交周子于梁园；又一年，交舍人于燕邸；又一年，交徐君于金陵，先后咸相善也。”他十八岁时初以诗歌拜谒即得到陈子龙“历难公卿年少事，汉家宣室为君开”（陈子龙撰，施蛰存、马祖熙标校:《陈子龙诗集》）的赞誉。其实，侯方域当时的作品还处于研习六朝华藻之作的阶段，陈子龙如此揄扬称许，或许是因为他看到了其整丽骈句下的充溢才情。云间士子本就因经学理论的薄弱而有纵才运笔的倾向，双方在以才为文这一点上可谓投合。侯方域与云间士子气类相从，更是坚定了他将这一创作理念一以贯之，成为自己终身行之的为文原则。

“尚变”的观念则肇端于他不甘落于常言的创作思路，徐作肃《侯朝宗遗稿序》中讲他早年写时文“即其寻常命笔，约不肯俯随人为经生言，故每一篇出，人多惊异颂传，而转相望慕者，以其雄峻不群也”。他后来虽然转向唐宋文的学习，但这种尚变的理念和雄峻的笔风却依然保留了下来。《陈纬云文序》中他讲道:“纬云之文，矫秀高骞，吞吐出没，如夏云多奇，如秋日山阴道上烟岚万状，余虽欲执一体以定之，不能也。”他进而认为“文章不历变不工”。既然好文章不能够以固定的体来拘束，变化与否是文章工拙的关键，那么行文时参纵离合，借鉴其他体式也是理所应当的，“尚变”之理念实与侯方域“以小说为古文”的手法密切相关。以才为文的思路推衍之，则纵横捭阖的文章气象就成为任才运笔的自然结果，而文章体式类别也不能拘束作者用才。概而言之，侯方域的文章风格——纵横气与小说气实出于其尚变任才的为文理念。

二、小说气之由来

侯方域“以小说为古文辞”的特点，前人多有论述，如李慈铭就曾说他“根柢太浅，不学无术，多近小说家语”（李慈铭:《越缦堂读书记》）。但此种手法并非侯方域一人独具，明末清初有相当一部分作家如谭元春、王猷定、黄宗羲等引小说入古文。近人探究缘由，多归结为王学左派思想影响、慕奇好异的社会风尚、传奇小说之盛行三大原因（参见庄逸云：《清初小说对古文的渗透：以小说为古文辞》；李金松：《论明末清初的“以小说为古文”》）。然而如果把时限放得再宽一些，那么明初宋濂的传记文就已经出现了小说化倾向（曾礼军：《古代文学的文化批评与学术反思》），《五朝古文类案叙例》中批评他：“《溟涬生赞》、《秦士录》，夸诬亦已甚矣。抑嚚且尘上，其文固不能工，特流俗好之耳。”其实，这正指出了他文章中夸张设幻，近于小说的特点。如果把宋濂也纳入讨论范围，那么前述的原因就还有待补充。其实汪琬已在《跋王于一遗集》中略有提点：“小说家与史家异，古文辞之有传也，记事也，此即史家之体也。前代之文，有近于小说者，盖自柳子厚始。如《河间》、《李赤》二传，《谪龙说》之属皆然。”（汪琬撰，李圣华笺校：《汪琬全集笺校》）陈寅恪也在《元白诗笺证稿》中指出，“小说则可为驳杂无实之说，既能以俳谐出之，又可资雅俗共赏，实深合尝试且兼备宣传之条件。此韩愈之所以为爱好小说之人”，认为韩愈与小说亦有莫大关系。龚书炽则在《韩愈及其古文运动》中分析道：“此种文章之作法，韩柳不能见之于经史也……韩柳之碑文传记成体以后，实有效仿传奇之迹。”要而言之，韩柳古文运动时已经有了“以小说为古文”的创作手法，侯方域也正是受到韩愈启发而将这一手法广为运用。侯方域今收入文集中的作品，有两篇较为明显地模仿自韩愈，分别是《蹇千里传》仿《毛颖传》，《郭老仆墓志铭》仿《试大理评事王君墓志铭》。

《毛颖传》自问世起，就引发了人们对于它文体归属、托讽旨意以及存在之合理性的争论。陈寅恪认为《毛颖传》是“以古文试作小说而未能甚成功者”，李肇则说“其文尤高，不下史迁”（李肇：《国史补》），叶梦得《避暑录话》指出其“本南朝俳谐文《驴九锡》、《鸡九锡》之类而小变之耳”。小说的含义，鲁迅已在《中国小说史略》中讲得很明白：“传奇者流，源盖出于志怪，然施之藻绘，扩其波澜，故所成就乃特异，其间虽亦或托讽喻以纾牢愁，谈祸福以寓惩劝，而大归则究在文采与意想。”小说以辞采想象为要，《毛颖传》虽有辞采与想象的成分，中心仍在于“秦真少恩哉”，有所寄托，因此不能归类为小说。故而不妨归类为受小说影响之古文。对于《毛颖传》

究竟所托何意，则有讽唐德宗、伤陆贽、不满官员七十致仕等多种说法，无论如何，总归是韩愈对于朝政有所不满，发其郁积。《毛颖传》是否应该存在，涉及正统古文观念和以文为戏观的冲突，将在后文加以论述。

《蹇千里传》对于《毛颖传》的效仿主要体现在三个方面，即讽刺艺术、反复暗示的表达方式以及曲折的故事情节。反复暗示是"从不同的角度以不同的方式对同一事物加以暗示，从而使整部作品变得更为丰富、统一和完整"（李鹏飞：《试论唐代非写实小说中三大类型的发展与演变》）。《毛颖传》："取事于兔而寓之以人，其姓名爵里莫不假借立词。"（刘真伦、岳珍校注：《韩愈文集汇校笺注》）《蹇千里传》的"千里"之名则出自《湖海搜奇》"陕西民家有千里驴，腰有肾六"，传主的结局也暗合于黔驴技穷。

陈衍曾评价杨万里诗说："他人诗，只一折，不过一曲折而已，诚斋则至少两曲折。他人一折向左，再折又向左，诚斋则一折向左，再折向左，三折总而向右矣。"钱基博认为足以形容韩愈文心之妙，斯为确论。（钱基博：《韩愈志》）《毛颖传》正是以曲折情节引人入胜，先是叙述毛颖为神明之后，接着以簇辞引出蒙恬一行人与毛颖的相见，毛颖虽受辱被俘却得始皇青眼，日日亲宠任事。但好景不长，毛颖因老而秃不堪用逐渐被疏远，最后黯然离世。《毛颖传》尺幅虽短，却将一个劳苦功高又见弃于朝廷的老臣形象刻画得生动烨然，似乎就是韩愈自己的写照。《蹇千里传》先叙述祖先蹇鸣以声干王济，却因骄横被弃而连累子孙，接着写蹇千里攀附孟浩然登第入仕，一路青云直上，最后因没有真才实学被罢为黔中守葬身虎口的故事。蹇鸣的命运其实暗示了蹇千里的命运，德不配位，必有灾殃，依靠攀附权贵得来的禄位终归不能长久，这或许也寄托着侯方域对于那些尸位素餐不谋其政，最终导致明朝灭亡的官员的愤恨。两篇文章的讽刺艺术不仅体现在篇末的议论文字上，也暗含在整个故事的情节布置当中。

《文心雕龙》中曾讲道："标序盛德，必见清风之华；昭纪鸿懿，必见峻伟之烈，此碑之制也。"墓志铭本是为了昭示死者的德行功业，所以往往虚美隐恶，后世至有"谀墓"的说法。但韩愈却引小说笔法入墓志铭，在《试大理评事王君墓志铭》中，他历叙王适应试不第，入李惟简幕中后又有所不乐隐居终南山的生平后，笔锋一转，写了他伪造官文骗娶侯氏女的事情。将这样一件丑事轶闻写入墓志铭，韩愈不可不谓大胆，如果用死者为大的观念去衡量甚至有刻薄之嫌，也难怪曾国藩虽然宗仰韩愈，但对于这篇文章却评价：“此等文已失古意。能者游戏，无所不可，末流效之，乃堕恶趣。”（《曾国藩全集》）而韩愈此举正是出于他尚奇爱奇的嗜好和当时传奇小说的影响，如果把这件轶事和前面所叙生平结合起来看，则无一处不突出王适“怀奇负气”的性格特征，何焯分析道：“怀奇之人，困于资地，思女嫁官人，至为人给，其情亦既可悲，而两人情性反适相合，因而记之，乃极跌宕。一妻耳，犹谩言官人而乃得之，则何事不困于无资地而不能自出乎！书此以见其穷，所谓微而显也。”（何焯：《义门读书记》）也就是章学诚所说的“推微知著，固相士之元机；搜闲传神，亦文家之妙用”（章学诚撰，仓修良编注：《文史通义新编新注》）。侯方域对于引小说入墓志铭则进行了更加大胆的尝试，《郭老仆墓志铭》就写得完全像一篇小说。郭尚初不事事，对于司徒公的命令也是“朝令暮归，醉而尽忘”，以至于“司徒公怒而骂，老仆则倚壁而鼾，鼾声与司徒公之骂声相间也”（《侯方域全集校笺》），老仆无赖之情状跃然纸上。但后来司徒公被构陷下狱，诸仆之中竟只有郭尚星出月入侍奉七年。侯方域在这篇文章中淋漓写生，情节布置跌宕起伏，读来更像是小说而非墓志铭，这大概也是《虞初新志》《虞初续志》《旧小说》等几篇小说集都收录此文的原因。

在探究韩愈和侯方域为何以小说为古文时我们不妨从彭士望的一封书信入手。《与魏冰叔书》中他引述侯方域铺叙细节的主张，即“行文之旨，全在裁制，无论巨细，皆可驱遣。当其闲漫纤碎处，反宜动色而陈，凿凿娓娓。使读者见其关系，寻绎不倦。至大议论人人能解者，不过数语发挥，便须控驭，归于含蓄”（《侯方域全集校笺》），认为是最高之论。但又在后文不无忧虑地指出这种手法很有可能使得文章近于小说，从而偏离古文正轨，“即文字写生处，亦须出之于正大自然，最忌纤佻，甚或诡诞，流为稗官谐史”。他并举出两个反例“徐巨源之《江变纪略》、王于一之《汤琵琶传》、《李一足传》，取炫世目，不虑伤品”，甚至将徐世溥的死于非命也归因于他未能听从别人的建议毁掉这本书，最后警告说：“推朝宗闲漫纤碎，动色而陈之言，不善用之，其流必为徐王之失。”彭士望何以这样大动肝火，言辞激烈呢？这背后其实关系到正统古文观念对于小说野史等娱戏文章的排斥。彭士望认为“吾辈今日立言，明悉理事，指陈利弊，将救世觉民之为急，故于古今成败得失邪正是非之际，往复流连，疾呼痛詈，犹恐疲癃聋聩之夫藐然而不一听”，表现出作文以载道弘道的观念。他继而将徐王一流的作品划归到文人之文，认为“文人志在希世取名，即深自矜负，正其巧于容悦”（李祖陶：《耻躬堂文录》），这类文章就好像是“俳优登场，摹拟古人”，虽然观者能获得一时的乐趣，但终究“彼我判殊，了不相及”，不能起到“谈世务，植名教”的作用，只有那些具备“百折不挫之愚诚”的志士之文才能流传千古。

彭士望的这种论调和张籍、裴度极为相似，张籍在《上韩愈书》中说道：“比见执事多尚驳杂无实之说，使人陈之于前以为欢，此有累于令德”（辛文房撰，周绍良笺证：《唐才子传笺证》），裴度也于《寄李翱书》云：“昌黎韩愈，仆识之旧矣，中心爱之，不觉惊赏，然其人信美材也。近或闻诸侪类云：恃其绝足，往往奔放，不以文立制，而以文为戏，可矣乎！可矣乎！今之作者不及则已，及之者，当大为防焉耳。”彭士望、裴度、张籍三人代表的其实是一种保守或可说是正统的古文观念，盖因古文自诞生起，就与道密切相关：“愈之为古文，岂独取其句读不类于今者耶？思古人而不得见，学古道，则欲兼通其辞。”（《韩愈文集汇校笺注》）就文之源来讲，古文“是学道的结果，是古道的外化”（卢宁：《韩柳文学综论》）。因此，近于小说的娱戏文章统统被目之为不入流。然而韩愈对此的回应是“书具在”，“文章自娱戏，金石日相撞”（《韩昌黎诗集编年笺注》），认为以文为戏和文以载道并不相妨害，并为自己辩护道：“昔者夫子犹有所戏，《诗》不云乎：‘善戏谑兮，不为虐兮’，《记》曰：‘张而不弛，文武不能也。’恶害于道哉？”（《韩愈文集汇校笺注》）侯方域也在《书练贞吉日记后》表示：“夫‘善戏谑兮，不为虐兮’，《风》人所以颂卫武也。谈言微中，固不在庄语矣。”事实上，一味谈仁论义的道德文章往往流于乏味枯燥，屠隆品评历代诗文时称：“秦汉六朝唐文有致，理不足称也；宋文有理，致不足称也。秦汉六朝唐文近杂而令人爱，宋文近醇而令人不爱。秦汉六朝唐文有瑕之玉，宋文无瑕之石。”（屠隆：《鸿苞集》卷十七）宋文就是因为道理讲得太多，所以虽醇却令人不爱。韩愈和侯方域以小说为古文的做法，正是打破两种文体之间的界限，援俗入雅，使得向来庄重雅正的古文也能如小说一样焕发出活泼新奇的色彩，在审美意义上表现出不同于正统古文的别具一格之风韵。

而两人之所以青睐于这种破体手法，又和时代背景及个人才情意趣有着关联。韩愈生当传奇风行之中唐时期，士子以小说投递主考官，身边的文人也多有作小说的，如沈既济撰《枕中记》，元稹写《莺莺传》；侯方域则处于明清之际小说艺术更为发展的黄金时期，种种话本故事不一而足，又因刊刻业兴盛，大量唐传奇被重新编入选本印刷流行。鲁迅云“传奇风韵，明末实弥漫天下，至易代不改也”（《中国小说史略》），诚为确论。再者，两人性情中都有着尚奇好怪、狂放不群的一面。《榕村语录》说韩愈“好游戏，贪仕宦，一能文狂生，浑身俗骨”，《唐国史补》记载了他“好奇，与客登华山绝峰，度不可返。乃作遗书，发狂恸哭”的趣事，可见此人耽奇天真的性格。侯方域在《送徐吴二子序》中则说自己落第后“日召酒徒饮醇酒，醉则仰天而歌《猛虎行》”，告诫门人固斥儒者，显然也具有狂浪一面。两人对于传奇小说的赏玩喜爱，无疑和其个性有着莫大关系。此外，柳宗元在替韩愈辩护的时候说：“韩子之为也，亦将弛焉而不为虐欤！息焉游焉而有所纵欤！尽六艺之奇味以足其口欤！而不若是，则韩子之辞，若壅大川焉，其必决而放诸陆，不可以不陈也。”（《柳宗元集》）卢宁解释为才情太足，“往往非正统文路所能匡限，故多溢出而流于俳谐滑稽”（《韩柳文学综论》）。侯方域也被人指摘“诗非当行，亦患才多”（钱仲联主编：《清诗纪事》第三册），则才士为文，往往不拘一格一体，在各文体间运笔自如，间有俳谐语，亦是自然。

（作者单位：山东大学尼山学堂）

黄侃与吴靓的这段深厚师生之谊鲜有学者关注。

黄侃为哪个“审伯”评点了一部《文选》

李　婧

黄侃素重《昭明文选》(简称《文选》)，一生屡加评点，曾自言：“余观书之捷，不让先师刘君，平生手加点识书，如《文选》盖已十过。”(《黄侃日记》)今检《黄侃日记》，对评点《文选》的明确记录仅有一次，即上元壬戌七月廿一日(1922年9月12日)记载“为审伯校钱坫《说文斠诠》、尤本《文选注》”，那么，这位“审伯”是谁？黄侃为什么会为他评点一部《文选》呢？这部《文选》评点又是否传世？与现行的黄侃《文选平点》又有什么关系呢？

一、黄侃壬戌夏批点《文选》系为感谢门生吴靓陪伴自己居母丧

《黄侃日记》明确记录了此次壬戌(1922)夏批点《文选》系居母丧期间：

> 七七日后，间翻古籍，计校《阁帖》大王书三卷，为行可校彭元瑞选《南宋四家律诗》五卷，又自校叶刻《沈下贤集》，为审伯校钱坫《说文斠诠》、尤本《文选注》。《选》注校评，颇有苦心，亦以此度悲忧穷蹙之日月而已。

原来，黄侃嫡母田太夫人于壬戌夏历五月初八去世，黄侃生性纯孝，恸哭几绝，课业皆停。至黄母七七之后，黄侃才重新开始批校典籍，此时尤于校评

《文选》格外用心，可以借此排遣丧亲之痛。而触发黄侃开始这次《文选》评点的缘起，则是为了感谢其门生吴靓在居丧期间的陪侍，其此次手批本扉页之题记曰：

> 东阳吴生靓字伯阳，有美质。从余数年，极其敬礼。余之待之亦与他门下生殊。今年五月（指一九二二年）侃受罚于天，慈亲弃我。吴生于数千里外奔丧唁我，依庐绸缪三月。中元既度，始有归心。苟曰有情，是亦情之至也。余悲忧穷戚之中，何以酬生厚爱。爰取是本，助生高明。他时或如余仲林著书时引何曰，梁茝林《旁证》亦载林云，则又侃之幸而非所敢望也。黄侃题记。〔此据黄侃《文选平点》（重辑本），司马朝军、王文晖《黄侃年谱》所录黄侃《手批文选题记》"东阳吴生靓，字审伯"。〕

另据黄侃哲嗣黄延祖言："据先母云，先祖母辞世时先君一恸几绝，幸吴生前来料理一切。后为留吴生多住几日，作此批本为谢。"〔黄延祖：《文选平点重辑叙》，见《文选平点》（重辑本）卷首〕也提供了间接的证明。

那么，《黄侃日记》中提到的那个"审伯"，就是黄侃手批《文选》扉页题记中的这个"吴靓"吗？笔者所见的黄侃手批《文选》扉页题记，系据黄延祖《文选平点重辑叙》转录，其云吴靓字"伯阳"，与"审伯"尚有一字之差。但据司马朝军、王文晖《黄侃年谱》所录黄侃《手批文选题记》"东阳吴生靓，字审伯"。故《年谱》直接断定：取《文选》批校一过，赠给学生吴靓。

今检《晚清期刊全文数据库》，发现了"审伯"就是"吴靓"的有力旁证。1937年《制言》半月刊第三十四期刊发了《蕲春黄先生遗诗》署名为"弟子吴靓录"，共记录黄侃诗作二十二题二十六首，从诗题下注所标的时间最早为"癸丑年居沪上伤乱之作"（1913），最晚为"壬戌七月"（1922），可知，系黄侃在1913年至1922年所撰诗作零篇。其内容有黄侃的抒怀之作，如《将奉母还武昌书怀三首》（己未闰月既望）；有关怀现实之作，如《五月五日作》（辛酉）记载了武昌兵乱；也有寄予友人之作，如《赠林次公》；亦有爱情诗作，如《秋眸》。另有八首诗作都是黄侃写给吴靓的赠诗。不难推断，这组诗应是黄侃弟子吴靓在尊师去世之后，将黄侃给他的赠诗及其他诗作刊发出来，以纪念尊师。其中，一首诗题名《赠审伯》，诗题下有注称："辛酉五月初二日武昌兵变，先生避难汉口，靓闻信往视。"观此注的人称口吻，应为编者吴靓所注，注明黄侃作此诗的缘起是，黄侃为躲避武昌兵乱，避难至汉口，吴靓前往探视，黄侃因作此诗以赠。这样看来，"审伯"显系"吴靓"无疑。

综上，可以断定，《黄侃日记》"为审伯校钱坫《说文斠诠》、尤本《文选注》"，此"审伯"即是黄侃弟子"吴靓"，黄侃为感谢其陪伴自己居母丧百日，不顾盛暑而苦心评点一部《文选》相赠，以助其学业之精进。

二、黄侃与吴靓间的深厚师生之谊

黄侃与吴靓之间有深厚的师生情谊，从黄侃《日记》和给吴靓的赠诗中可得证实。吴靓的生平不详，观黄侃辛酉七月廿日（1921年7月20日）《送审伯》诗中"之子投分初，岁月已四换"句，可知吴靓是在1917年投于黄侃门下，黄侃于1914年秋至1919年秋在北京大学任教，疑吴靓即为黄侃在京时学生。1919年，黄侃离开北京大学，回到湖北武汉武昌师范学院任教，师生相隔异地，但吴靓尊师之心耿耿不忘。今观《制言》半月刊第三十四期所录赠诗，可见吴靓在黄侃三个艰难时段，都千里命驾，陪侍左右，给予了黄侃巨大的精神支持：

其一，吴靓陪伴黄侃度过初到武昌的孤独时期。黄侃给吴靓的赠诗中，有四首都集中在庚申秋黄侃初到武昌一年左右，具体赠诗如下：

九月审伯至　庚申

连日秋晴接重九，登临无侣亦无欢。晨檐鹊噪知君至。陋巷驹维以我安。江色远连三楚壮，酒肠新为一人宽。急寻下泽敖游去，斜照苍茫共倚阑。

秋晚感怀示吴生大弟　庚申九月廿七日作

秋阴将暮色，惨淡到危楼。旅雁应思侣，寒花亦欲愁。良缘前日断，薄技一生慭。莫叹玄亭寂，君能载酒游。

诗下注：远来视余，贶以严州佳酿。

古风赠吴生　庚申九秋

青田有一鹤，高唳发奇音。忽然访孤鸿，暂止楚江浔。鸿鹤虽异地，相赏无二心。鹤飞更何向，鸿病日益深。病鸿语飞鹤，为我姑滞淫。天气渐寒凝，霜霰方自今。山川自纡曲，云水自萧森。羽毛须爱惜，罗罻勿相侵。若念孤鸿病，还来江上林。短歌不能长，明发泪沾衿。

送吴生至江干而反　庚申十月初二日寄到

落日沧江畔，含悽送尔行。舳舻维对岸，灯火上高城。衰草知谁愍，孤蓬识自征。无穷离索感，日暮岂能平。

这几首赠诗都有明确的时间标识，有的可能是黄侃所记，观“庚申十月初二日寄到”显系吴靓接到赠诗的时间，为其所追录无疑。从诗题和所标识时间不难推知，吴靓于庚申九月到武汉看望黄侃，陪伴月余。此时的黄侃到武昌一年，在物质生活及个人婚恋等方面都不顺意，从其“登临无侣亦无欢”“良缘前日断，薄技一生慭”等句中，都可以看出此时黄侃内心之寥落孤独，此时吴靓的陪伴给了他极大的宽慰，“酒肠新为一人宽”“莫叹玄亭寂，君能载酒游”。特别是，《古风赠吴生》一首，效仿曹植《野田黄雀行》的比兴手法，自比为孤病的“鸿雁”，而比吴靓为“高唳发奇音”的“鹤”，指出“鸿鹤虽异地，相赏无二心”，师生虽相隔异地，但情谊深厚，但最令黄侃感动的还是吴靓能不远千里携酒相伴月余，所谓“病鸿语飞鹤，为我姑滞淫”“若念孤鸿病，还来江上林”，字里行间透露出黄侃的感念。

其二，吴靓探视在汉口躲避兵乱的黄侃。黄侃辛酉五月至七月赠吴靓诗如下：

赠审伯　辛酉五月初二日武昌兵变　先生避难汉口　靓闻信往视

军乱通都夜梦惊，播迁犹幸得全生。穷途自致非人咎，远道来看见子情。陋巷莫愁炎暑逼，少楼常有晚风清。扁舟若具须相待，久慕鸱夷变姓名。

留审伯　辛酉六月晦还寓后作

何止安宁慕友生，特缘危难见交情。玄亭已载侯铺酒，玉貌来同鲁仲城。深树追凉蚊昼出，远烽告急鸟宵惊。黄尘满眼行车绝，君纵思归也漫行。

送审伯　辛酉七月廿日

秋江日生波，船高欲过岸。留君更不可，写意赖柔翰。人灵寄情地，妻与友各半。嗟我久茕独，所欢死或散。孤栖常抑郁，愁苦自熬煎。之子投分初，岁月已四换。觌面或忘言，分襟书札断。徒有耿耿心，往来捷霆电。此交能久要，茕鳏宁足叹。秋风引归蓬，此去当康健。记我临岐言，睽违不须怨。

1921年，湖北督军王占元为达既增兵又不增饷的目的，大量裁减在粮饷上比新兵多两倍的老兵，引起老兵的不满，同时王占元又私吞军饷，致使其手下部分军兵于五月二日晚突然哗变。一时武昌城内四处起火，很多房屋被烧毁，造币厂、钱庄、商号等被洗劫一空，数十名无辜平民死伤，数百户居民无家可归。而王占元则对此不加制止，纵兵殃民。黄侃此时正居于武昌，为避兵乱，携全家迁居汉口。吴靓闻信前往汉口探视，从五月到七月二十日，陪侍两个多月，黄侃甚为感念“穷途自致非人咎，远道来看见子情”，以及“特缘危难见交情”，吴生的陪侍给予了黄侃极大宽慰：“此交能久要，茕鳏宁足叹。”

其三，吴靓在黄侃居母丧期间陪侍百日。黄侃赠吴靓诗中有《行可令泾县年少赵垓绘一扇赠审伯，余爱玩之无已，率题一诗并送审伯反》（壬戌七月）一诗，显然记录的就是上述吴靓在黄侃居母丧期间陪侍百日。如上所述，黄侃生性至孝，母亲的去世对他打击很大，吴靓长达百日的陪侍，给予他极大的精神支持，以至于他在《感鞠庐日记》壬戌七月廿一日日记中特别致意称：“吴靓自三千里外奔丧，留居数旬，至母百日方去”是“于侃有殊恩者”。而黄侃以示感谢的方式也很特别，那就是为其手批《文选》以助学业，黄侃言：“余悲忧穷戚之中，何以酬生厚爱。爰取是本，助生高明。他时或如余仲林著书时引何曰，梁茝林《旁证》亦载林云，则又侃之幸而非所敢望也。”这其中寄托了黄侃作为老师对弟子学业精进的殷殷期盼。

三、“壬戌手批本”是现行《文选平点》的重要底本之一

此壬戌手批本后由吴靓归还黄家，据黄延祖言：“先君殁后，吴生疑别的批本无存，而交付先兄念田，即今所存之唯一先君手批本。”（《文选平点重辑叙》）

但实际上，今存黄侃手批本并非仅壬戌一本，据黄延祖《文选平点重辑叙》云：

> 从公元一九一四年至一九一九年间任教于北京大学用《文心雕龙》课及门诸子时，平点《文选》一部，门下诸生竞相传录。（见骆鸿凯：《文选学》后记及所藏迻录本）。后还教武昌高等师范学校和南京中央大学，复手批《文选》数部。〔见《文选评点》（重辑本）卷首〕

湖北省图书馆还存有一部黄侃手批乾隆三十七年叶氏海录轩朱墨套印本《文选》（据黄建中《黄季刚先生著作分类录》著录湖北省图书馆存黄侃手批《文选》二部，见中国海峡两岸黄侃学术研讨会筹备委员会编：《中国海峡两岸黄侃学术研讨会论文集》）。

除手批本外，黄侃评点《文选》还有多部过录本。据先生长女黄念容回忆“凡所批注，积满书眉，虽未写定，而门人传抄服习者众”。据考黄焯、潘重规、林尹等均有过录本。先生弟子陆宗达《我所见到的黄季刚先生》载：

> 又有一次，他的一位老学生到南方看望他，季刚先生很想留他多住几天，便应允为他亲笔批点一部《文选》。书买来后，季刚先生每晚评批，同时让侄儿黄焯往另一部上录。（《量守庐学记——黄侃的生平和学术》）

可知黄焯曾据壬戌手批本过录一部。

1930年，潘重规亦有一部庚午移录本，据其《黄季刚遗书影印记》云：

> 民国十六年（1928），重规肄业国立中央大学，先师南下，开设讲席，重规得厕门墙。先师首命圈读十三经注疏，故得过录先师圈点十三经白文……谈经之余，课以《文选》，并命颜录手批本。

又据台湾学者陈新雄所记，林尹亦有一部过录本，而陈氏又据以转录，其曰："笔者随侍先师林景伊先生二十七年，见先师过录季刚先生手批《说文》、《文选》二书，尝借录一过。"（转引自魏素足：《〈文选〉黄氏学研究》，台湾师范大学2005年博士论文）

1961年，黄焯整理《文选平点》，据其《后记》云底本为壬戌手批本，另有补充修正，但是直到1985年才由上海古籍出版社出版。

先是，1977年台北文史哲出版社出版黄念容辑《文选黄氏学》。据黄延祖《文选平点重辑叙》："姊夫潘重规先生之移录本虽写明庚午，已较晚（1930年），但随后还可将先君不时之批注移录，故先姊所存先君之《文选》批注必更详实，还可能另有笔录。"知其底本系为黄侃之婿潘重规的庚午过录本。

1979年台湾石门图书公司影印出版潘重规辑《黄季刚遗书》十四册，其中第十一至十四册为《评点昭明文选》。此本与黄念容《文选黄氏学》底本相同，系影印潘重规庚午过录本。

据黄延祖比较，黄念容整理的《文选黄氏学》与黄焯整理的《文选平点》有所不同，"台北版所列批注条目较上海版约多一倍"，盖因上海版所据之壬戌手批本"较早（1922年），且为时间不长，心情不佳下所批。恐非最完善者"，而台北版底本系为黄念容、潘重规伉俪所藏，据黄延祖推测："姊夫潘重规先生之移录本虽写明庚午，已较晚（1930年），但随后还可将先君不时之批注移录，故先姊所存先君之《文选》批注必更详实，还可能另有笔录。"不过至于文句圈点符识，及所标录的字的旧音，均为上海版所特有。

21世纪初，先生哲嗣黄延祖在武汉大学人文科学基金资助下，组织人力对先生著述进行全面整理，主持编辑《黄侃文集》，共计收录先生著作十余种，《文选平点》也在其中。此次整理将黄念容《文选黄氏学》与黄焯《文选平点》重辑为一：批注条目合并，至于字的旧音，及文句圈点符识，悉依上海版；并将骆鸿凯《文选学》中所引黄侃平点之《文选》条目，为《文选黄氏学》与《文选平点》所无者，也予迻录〔据《文选平点重辑叙》云："在重辑时参考了骆鸿凯先生所著《文选学》一书（中华书局1936年版）。骆先生为先君及门弟子，论学悉依师法。凡书中所引先君平点之《文选》条目，而《文选黄氏学》与《文选平点》所无者，概行迻录。"重辑本确实迻录了骆书中的资料，但未臻其全。〕此本是目前为止收录黄侃《文选》评点最全的版本。

黄侃与吴靓的这段深厚师生之谊鲜有学者关注。吴靓作为弟子，每当老师危难愁苦之时，都不远千里，陪侍左右，这份尊师礼敬之心，真是"苟曰有情，是亦情之至也"。黄侃作为老师，感念学生之谊，或赠诗以达情，或授书以传业，其殷殷期盼之情溢于言表。缘于他们师生间的深厚情谊，为学术界留下了珍贵的学术著述，也留下了值得继承的精神财富。

（作者单位：中国海洋大学文学与新闻传播学院）

《小学弦歌》于清光绪五年问世以后，颇受人们的欢迎，翻刻不断。

李元度《小学弦歌》述略

李佳杰

中国的诗教传统源远流长。早在先秦时期，《诗经》便是贵族教育的重要部分；到了科举时代，诗赋被纳为考试科目，更是让全社会掀起了学诗的浪潮，各种供初学者阅读的诗选不断涌现。这些选本中，有的偏重于诗歌的文学性，选录的大多是文采彪炳、脍炙人口的名篇，如《千家诗》《唐诗三百首》；有的则"完全着眼在向儿童进行封建思想教育这一点上，对于语言文字的艺术，很少考虑"（张志公：《传统语文教育教材论——暨蒙学书目和书影》），如《训蒙诗》《神童诗》。但这两条路线并非截然两分的，很多诗选也会兼顾文学教育和思想教育两方面的要求，这类选本中，比较有名且具有集大成意义的，首推清末李元度编纂的《小学弦歌》。截至目前，尚未有专文对《小学弦歌》进行研究讨论。本文试从编纂主旨、选目编排、诗歌文本、附属文字、影响得失等角度，对《小学弦歌》加以介绍，并揭示它在当今的价值。

一、李元度及《小学弦歌》的编纂主旨

李元度（1821—1887），字次青，一字笏庭，自号天岳山樵，晚年更号超然老人，湖南平江人。道光二十三年举人，大挑二等，选任黔阳教谕。太平军兴起后，入曾国藩幕，颇有战功，后因徽州失守，遭到曾国藩弹劾，削职罢黜。光绪十一年出任贵州按察使，十三年迁贵州布政使，同年卒于任内。

他是晚清著名的文学家、史学家，是湘乡派文学团体的重要成员，著作等身，其代表作有《国朝先正事略》《重修南岳志》《天岳山馆文钞》《天岳山馆诗存》等；他也重视科举教材的编纂，曾编有《四书广义》《赋学正鹄》等书，《小学弦歌》则是他于光绪五年（1879）闲居期间，为童蒙编选的诗歌读本。

孙海洋曾如此评价李元度："其为人也，温文尔雅，笃于情而重于学，温厚中不乏雄刚；其为诗，情真意切，典雅而不乏雄豪之气。"（孙海洋：《试论李元度的人品与诗品》）据余荣姣、向点思研究，李元度论诗，一方面与何绍基、曾国藩等宋诗派接近，强调才学；另一方面则继承袁枚、赵翼等性灵派的主张，认为诗应以抒情为本，重视有感而发。他的"情"又包含两种人格：一是强调诗中的情应是真情，二是强调情之"得其正"，要合乎温柔敦厚的诗教。此外，他还认为，"以不平论诗，不若以和且平论诗"（李元度：《雅雪堂诗序》），"昔昌黎韩子尝以谓欢愉之辞难工，愁苦之言易好……窃疑其说之偏，非笃论也"（李元度：《重锲抱冲斋诗集序》），提出了诗贵和平、欢愉之辞亦工的见解。这些都使得他的诗学观既带有浓厚的儒家诗教色彩，又呈现出折中融合的总特征，并不可避免地体现在《小学弦歌》的编纂中。

据李元度的《小学弦歌序》，他之所以要编这本书，是有感于诗歌"理性情，而尤以人伦为本"的功用，想在小孩子"天性未漓"的时候，用诗教来"养其良知良能，庶能鼓舞奋兴而不自已"。宋代的程颐想写诗来"教弟子洒扫、应对、进退、事亲、事长之节"，朱熹则在自己编的《小学》中收录了韩愈《嗟哉董生行》、范质《戒从子杲》等有教育意义的诗作，李元度很赞同他们的做法，但又指出"《小学》中录诗止数篇，而程子所欲作者汔未就也"，于是"窃体程朱之意，摭古今诗之可以厚人伦、励风俗者，博观而约取之，汇为一编"，并希望这部诗选可以"附《小学》以行，而因以合孔子教人学诗之旨"。他对《小学弦歌》相当自信，虽然谦称"第苦见闻不广，挂漏者多"，但又相信那些重要的作品，已经"略具于此"了。

二、《小学弦歌》的选篇和编排

《小学弦歌》凡八卷，共分为"教""戒""广劝戒"三大部分。卷一至卷六属于“教”，下分教孝、教忠、教夫妇之伦、教兄弟之伦、教朋友之伦、教小学、教大学、教立身、教闲家、教正直、教恻隐、教读书、教为循吏、教闵农桑、教知止、教知足等十六门；卷七属于“戒”，下分戒贪、戒淫、戒杀、戒争竞、戒躁进、戒趋附、戒侈靡、戒残忍、戒奸险、戒暴敛、戒黩武、戒求仙等十二门；卷八为“广劝戒”。全书共收录了438位有身份的作者，932篇诗歌。

在选篇上，《小学弦歌》呈现出以下特点：

（一）三纲为本，重教轻戒。全书三大部分中，属于“教”的诗共有705首，远多于“戒”（103首）和“广劝戒”（124首）两部分。二十九个门类中，收诗最多的是“教忠”，共选221首诗；其次是“教夫妇之伦”（134首）、“广劝戒”（124首）及“教孝”（89首），四个门类加起来竟占到了全书的三分之二。在排序上，也是将“教孝”“教忠”“教夫妇之伦”排在最前面，这是由于“父为子纲、君为臣纲、夫为妻纲”是封建道德的根本。在这三个门类中，自然有很多宣扬忠孝节义的作品，但值得注意的是，李元度在“教忠”中收录了相当数量的南明抗清名臣的诗歌，包括祁彪佳、夏完淳、黄道周、瞿式耜等人的作品；该门类的清人诗歌里，不少也以凭吊南明抗清义士为主题。甚至像屈大均这样在乾隆年间明确遭到禁毁的诗人，李元度也选录了他的诗作。联想到李元度在《国朝先正事略》中“专立遗逸一门，为六十三位心怀明季，不食周粟，‘蝉蜕鸿冥，皭然不滓’的遗民立传”（易孟醇：《〈国朝先正事略〉述评》），让人不得不对他的胆识刮目相看。

（二）详今略古，会通诸家。《小学弦歌》选录的诗人，最早的是商周之际的伯夷，最晚的是去世于同治十一年（1872）的曾国藩。按朝代来划分，书中收录最多的是清诗，共有422首；其次是宋诗（155首）、明诗（149首）、唐诗（133首），最少的是南北朝诗，仅有两首。宋诗选得多，大概是由于宋诗善于说理和教化，且近于李元度的诗学趣味；南北朝诗选得少，则可能是因为南朝诗大多“专咏艳情”，容易让学生“误流于冶荡”（《小学弦歌凡例》）。至于为什么选这么多清诗，李元度的解释是，因为“《小学》所载多宋贤之言行”，“故援此例而博取之”（《小学弦歌凡例》）。这与他辑注《赋学正鹄》的策略如出一辙。《赋学正鹄》共收录了147篇赋，其中清赋多达129篇。可见李元度在编选诗文时绝不厚古薄今，而是纯凭质量取舍，或许还和他编纂《国朝先正文略》一样，带着几分为当代保存文献的心思。

考察各朝代哪些诗人入选作品比较多，还会有别的发现。唐诗中，《小学弦歌》选得最多的是白居易，共39首；其次是杜甫，共19首，这自然是因为他们都是关心民瘼且成就极高的大诗人，并且白居易的诗较杜甫更为浅显易懂。宋诗中入选最多的是文天祥，共13首，其中有12首都在“教忠”一门，这体现出李元度以人存诗的原则。朱熹、王阳明这两位宋明理学的代表人物，分别位居宋诗的第二位（7首）和明诗的第三位（8首），这代表了李元度对理学思想的服膺。清代部分中，《小学弦歌》入选作品数量位居前五位的诗人依次是蒋士铨（49首，全书入选最多的诗人）、尤侗（33首）、赵翼（25首）、吴嵩梁（20首）、袁枚（18首）。就诗歌流派来说，蒋士铨、尤侗都主张兼采唐宋，赵翼、袁枚则是性灵派的代表，吴嵩梁曾受王昶、翁方纲推重，近于肌理派。这些都说明李元度的诗学主张较为包容，不管是哪个派别的诗人，只要作品有助于世道人心，他都照收不误，某种程度上实现了诸家的会通。

（三）各体兼备，重视史笔。按体裁来划分，《小学弦歌》收录最多的是七言古诗，共有276首；其次是七言绝句，共有237首；然后是五言古诗（168首）、七言律诗（118首）、五言律诗（54首）、五言绝句（37首），此外，还有一些楚辞、四言诗、六言诗、箴铭、五言排律和杂言诗。当时的诗歌选本，为了方便学生学写试帖诗，多以律诗为主体，《唐诗三百首》便是如此；《小学弦歌》却一反常态，让古诗和绝句成为书中的大宗。绝句体裁活泼，说理精辟，大众也喜闻乐见，选得多一些很好理解；至于收录如此之多的长篇古诗，则和李元度史学家兼古文家的身份有关。李元度的《国朝先正事略》是“由清人在清代完成的第一部，也是唯一的一部综合性的大型人物传记”（《〈国朝先正事略〉述评》），“文亦有法度”（梁启超：《国学入门书要目及其读法》）。他还以当事人的身份为大量的湘军将士撰写了别传，并被人视为其散文中的精华部分。这些都注定了他会对“以班马之笔行杜韩之法，错综变化，屈注行间”（《小学弦歌凡例》）的作品别有好感，他所选的五七言古诗，很多都是给孝子、忠臣、节妇立传的作品，其中不乏《木兰诗》《烈女李三行》《孔雀东南飞》等名篇巨制。

（四）伦常为先，文质并重。在《小学弦歌》的《凡例》中，李元度说道，“三百篇后，诗莫真于汉魏”，《木兰诗》《孔雀东南飞》甚至被他誉为“可与三百篇并读”的“诗之真种子”。但他对汉魏诗并不是一视同仁，像《羽林郎》《董娇娆》《美女篇》等“托词男女，义关君臣朋友”的名作，他却觉得会给学生带来不良的导向，塾师讲的时候也难以措辞，“无益于身心日用”，故一概不选。可见他将“有益于伦常诗教”作为选诗的首要标准。不过，他毕竟是一位优秀的诗人，也认为，“诗贵有理趣，然忌作理语”，像《伊川击壤集》《濂洛风雅》那样的道学家诗，“理非不足也，然去风人比兴之旨或远”，因而同样不选。如他自己所说，《小学弦歌》中的诗，大多是些“含蓄而有余味”的作品，很少有空洞说教之作。这也表现出他兼顾思想性与文学性的调和倾向。

（五）心系湖湘，表彰乡贤。李元度的文学创作有非常浓厚的乡土情结，曾提出“文学权舆，萌芽于楚”（李元度：《平江县志论·文学》）的观点，对于屈原、宋玉等楚地先贤，更是推崇备至。在“教忠”中，他收入了屈原的《国殇》《怀沙》，节选了宋玉的《九辩》。明人中，他选诗最多的是茶陵人李东阳，共收35首诗。清诗部分，他利用最多的是《清诗别裁集》和《两浙輶轩录》，因此所选诗人以江苏、浙江人士居多。尽管如此，他仍然从《沅湘耆旧集》等文献中搜罗了14位湖南籍诗人的作品，使清代湖南诗人的数量仅次于江苏、浙江两省。这些人里，既有陶澍、曾国藩等一代名臣，也有邓显鹤等文坛耆宿，还有很多不甚知名的作者。李氏表彰湖南先贤、发扬地方文献的苦心，是显而易见的。

在诗篇的排序上，李元度的办法是“其诗不分古今体，但略以作者之时代为次”（《小学弦歌凡例》），但在各朝代内部，李氏的排序并不严谨，时代先后混淆的情况颇为常见，如“教忠”中中唐的韩愈排在盛唐的李白、杜甫的前面，“教恻隐”中清初的吴嘉纪排在清中期的蒋士铨、赵翼的后面。按照封建时代的惯例，编诗文总集时总会把女性、僧道放在靠后的位置，《小学弦歌》中的女性与僧道却错出于各部分之间。这种略显错乱的编排是李元度的无心之失还是有意之举，我们不得而知。

三、《小学弦歌》的诗歌文本及附属文字

为编选《小学弦歌》，李元度旁征博引。据考，《小学弦歌》中诗歌的来源包括蒙书、总传、笔记、别集、总集、诗文评等文献，其中以蒙书和总集最为突出。清代陈宏谋编《五种遗规》中的《养正遗规》，其“补编”部分收录了很多供儿童学习的歌诗，李元度对它大量引用，如《木兰歌》，便是基本按照《养正遗规》的文本，而与《乐府诗集》颇异；道原宗衍法师的《萱庭春意为胡景仁作》，《养正遗规》题作“无名氏”，《小学弦歌》也因袭题作“明人”。总集里面，李元度使用最多的是沈德潜编的《明诗别裁集》和《清诗别裁集》，他在诗下方的评语，很多便是节引甚至全抄的沈氏的评语。李氏在凡例中说明，遇到版本间字句不同的情况，“则因诸本互异，择善而从耳”，然而，《小学弦歌》中很多诗歌的文本异于其他现存的所有版本，其中一些属于有意的窜改：例如收录在“教夫妇之伦”中的《古诗为焦仲卿妻作》(《孔雀东南飞》)，李元度便因为思想内容和诗歌韵律的原因，参照杨慎的选本删去了“吾意久怀忿，汝岂得自由”“以此下心意，慎勿违吾语”等275个字。

在诗题下方、诗歌下方，《小学弦歌》往往附有多双行小字，这些附属性文字是书中的有机组成部分，它们主要包括以下内容：

（一）解题。这部分主要位于乐府诗的诗题下方，如“教孝”中韩愈的《履霜操》下，注有“尹吉甫子伯奇为后母所谗，无罪被逐，后人作为琴操以哀之，昌黎拟其辞”等字，交代了“履霜操”这一琴歌名称的来历。

（二）交代写作背景及写作对象。例如“教忠”中张巡的《守睢阳》，便在诗题下方简介了张巡守城殉国的经过；李东阳的《弄潮怨》《国士行》等“新乐府”，均用简明的语言介绍了该诗所歌咏的故事。又如胡天游《烈女李三行》、吴伟业《雁门尚书行》等诗，题目下方的小字不啻为给孝女李三、孙传庭等人撰写的一篇小传。这类文字大多分布在诗题下面，而书中收录的尤侗《明史乐府》则通通将其置于篇末，不明何故。

（三）介绍作者。例如“教忠”中谢枋得的《北行别友》、“教夫妇之伦”

中陶婴的《黄鹄歌》、“广劝戒”中游道人的《口占》，均在诗题下方介绍了作者的生平经历。这类文字一般位于诗题下方，不过也有例外，如“教忠”中范承谟的《绝命辞》，便是在篇末注明“承谟字觐公，大学士文程子”等内容。

（四）字句训释与校勘。这类文字并不多见，通常分布在篇末。如“教忠”中林宋伟的《题姚忠毅公庙四首》，在第一首诗的最后注有：“青狮，公所乘马也”；又如“教为循吏”中元结的《舂陵行》，在篇末注有：“篇中人字皆当作民字，避庙讳也，今改从民。”但也有在诗句中间注音释义的情况，如“教读书”中朱彝尊的《斋中读书》其一“云何宋诸儒，深文共排毁”下，注有“《书序》非孔子作，其说始林之奇”；“广劝戒”中白居易的《放言》其三“试玉要烧三日满”下，注有“真玉烧三日不热”；“辨材须待七年期”下，注有“豫章木生七年而后知”；等等。

（五）解释诗旨及作法。比兴、用典、衬托等是诗词的重要手法，不通手法则无以明诗旨，对此，《小学弦歌》经常在篇末加以交代。例如“教兄弟之伦”中王维的《九月九日忆山中兄弟》，篇末注有“不曰己思兄弟而曰兄弟思己，一往情深”；“教立身”中李白的《古风·凤饥不啄粟》，篇末注有“三百篇比体”；“广劝戒”中白居易的《有木诗》八首，李元度更是在每一首诗的最后分别注明了它们比拟的是哪一类人物。

（六）点评艺术特色。这类文字是《小学弦歌》篇末小字的主体内容，它们有的抄录自别的选集，有的由李元度自行撰写，有的则是通过他人的言行来间接展现诗歌的感染力，例如“教忠”中杜甫的《蜀相》，篇末注有“宗忠简临终，屡诵此诗末二语”；“教朋友之伦”中元稹的《闻乐天左降江州司马》，篇末注有“白乐天云：‘此诗他人尚不可闻，况仆哉’！”；等等。

（七）道德评论及训诫。就诗论诗之余，李元度还会从诗本身出发，指出一些道德上的教诲，以更好地达到“理性情”的效果。这些内容，既有“‘立志’二字是读书之本”（“教读书”中王守仁《书扇示子正宪》篇末）式的直白说教，也会以评论作者或诗中人物的方式加以呈现，如“教夫妇之伦”中叶舒璐的《司马相如》，李元度在篇末评论道：“相如本薄幸之徒，不能正其始，自不能善其终，可为炯戒”；“教恻隐”中杜甫的《茅屋为秋风所破歌》，李元度评论“此老胸中实有民胞物与心事，不愧许身稷契人语”；等等。

（八）补充史实及扩展阅读。除了介绍诗歌的写作背景，《小学弦歌》还会补充一些与该诗相关的史实，来帮助读者认识诗歌的价值。例如“教孝”中钱陈群的《敬题家慈纺绩授经图》的篇末，注有“此诗曾经进呈，蒙高宗赐题二绝句，朝野荣之”。此外，李元度还会在篇末介绍与该诗主题、意旨相似的诗，以方便读者对照阅读，如“教孝”中袁凯的《游子吟》，篇末注有“与东野此题诗可以并传”；“戒黩武”中许浑的《塞下曲》，篇末注有“可与陈陶《陇西行》相证”。

从上文可以看出，《小学弦歌》的附属文字涉及的方面十分广泛，表达着李元度的道德观与文学观，可以起到一定的辅助塾师讲解和学生理解的作用。但作为评注，这些内容稍显单薄了些；而且，同样是交代写作背景和写作对象的文字，有的置于诗题下方，有的却置于诗歌下方，这刚好说明李元度在编纂《小学弦歌》时，并没有统一自己的体例。

四、《小学弦歌》的影响与得失

《小学弦歌》于清光绪五年问世以后，颇受人们的欢迎，翻刻不断。现存的《小学弦歌》八卷足本，便有清光绪五年平江李氏刻本、光绪八年大雅书局刻本、光绪八年汉文书局刻本、光绪八年星沙群玉阁刻本、光绪八年文昌书局刻本、光绪十九年鸿德堂刻本、光绪二十八年经纶森宝刻本等多种版本。由于八卷932首诗的体量稍显庞大，各种节本、选本也纷纷诞生，例如光绪三十年陇古乐善书局刻《小学弦歌节抄》六卷、光绪三十一年都门文德斋刻刘永亭辑《小学弦歌节钞》三卷、民国十六年泉州佛经流通处刻《小学弦歌选本》一卷、民国二十五年周氏师古堂刻周学熙选《小学弦歌约选》一卷、南开大学藏《小学弦歌约选》抄本一卷，等等。《小学弦歌》之所以能这样流行，既是由于李元度的文誉，也是缘于它的质量，人们认为《小学弦歌》中的诗“皆切于人伦日用，补朱子《小学》，将忠孝节义之作咏叹出之，足以厉世磨钝也”（刘锦藻：《皇朝续文献通考·经籍考》），很多人将该书用于书塾、学堂的教学。

李元度曾自述，“古今名作如林，实多挂漏，然其势不能尽录，亦无庸尽录，盖其大要已具于此矣”（《小学弦歌凡例》）。某种程度上讲，他确实达到了自己的目的。《小学弦歌》既收录了曹植《七步诗》、杜甫“三吏”“三别”、白居易《观刈麦》、于谦《石灰吟》等家喻户晓的千古名篇，也收录了李东阳“新乐府”、蒋士铨《官戒诗》、尤侗《明史乐府》等大型组诗，还收录了钱锦城《咏橘》、袁枚《箸》、赵翼《庐山杂诗》等略显冷门却新警有力的作品。明以前稍有名气的能给人教诲的诗，李元度都已尽力采纳；入清以后的作品，他也本着延续《小学》义例、保留本朝文献的精神，收录了不少佳作。“教”“戒”两大类下的二十八门分类严密而具有逻辑性，“广劝戒”一类中又收了很多能让人“随其性情之浅深高下，而各有所得”（《小学弦歌凡例》）的诗歌，“不学诗，无以言”，阅读《小学弦歌》，的确可以让学生受到全方位的道德教育，并在诗歌的平仄铿锵中经久难忘、感奋不已。而兼采各大流派、各种体裁的作品，也体现了李氏通达中和的诗学观，可以帮助学童对文学史形成较为全面的认识。

不过，正如前文提到的，《小学弦歌》的体例并不统一，李元度在编纂时可能没有那么用心，因此，这本书的缺陷也是很显著的。这主要体现在以下方面：

（一）体量繁重，题材雷同。作为一部供“童而习之，弦而歌之”（《小学弦歌序》）的诗选，932首诗的体量实在有点庞大，何况其中有很多作品题材重复。例如“教孝”“教夫妇之伦”中层出不穷的“某孝子诗”“某节妇诗”，抛开封建道德的立场不论，他们的事迹确实感人，也确实可以用诗歌为他们立传，但这项任务完全可以由地方志或专集完成，连篇累牍地登载这些诗，实在不应是一部童蒙诗选应该做的事情。况且这些诗不少都是长篇，姑且不论小孩子能否记忆，读多了产生厌倦，也是情理之中的不良后果。

（二）擅改文字，有失严谨。前文已经提到，《小学弦歌》中很多诗歌的文本异于现存的其他所有版本，如“教孝”中《木兰歌》的“惟闻女太息”，其余各本皆作“惟（唯）闻女叹息”；陆游的《宿彭水县感怀》，《剑南诗稿》题作“宿彭山县通津驿大风邻园多乔木终夜有声”，《养正遗规补编》题作“宿彭山县终夜有声”，均不同于《小学弦歌》。若不是李元度别有依据，要么就是他的无心之过，要么就是他擅自改动，而后两种都不是乾嘉朴学和现代学术规范所认可的行为。至于删掉275字后的《孔雀东南飞》，在文辞上确实更通顺了些，在情感上确实更敦厚了些，但这种妄改古书以迁就己说的做法实在不能提倡。

（三）时代弄错，姓名失考。在给诗歌标明作者及断代时，《小学弦歌》也犯了不少错误。如“戒贪”中的漆修纶，明明是道光年间的南昌诸生，其事迹见于张维屏《国朝诗人征略》，李元度却把他标成了明代人；“教孝”中的《元日哭先大人》一诗，见于《清诗别裁集》，其作者名为“周淑媛”，《小学弦歌》却标成了“周淑然”；“戒淫”中的《贞娘墓》，乃是明代举子谭铢（字彦良）的诗，《尧山堂外纪》《吟窗杂录》俱载，书中却只题作“明人”。同一个作者的朝代划分有时还不一致，如翁承赞，“教读书”中他是五代人，“广劝戒”中他又被归为唐代人。由于该书体量庞大，征引繁多，出现这些问题可以理解，但我们在使用它时，还是要多注意。

（四）良莠不齐，易生误导。任何一部诗选，体量一大，都难免泥沙俱下，选入一些质量欠佳的作品，《小学弦歌》也是如此。除了那些题材重复或理论庸浅的诗，《小学弦歌》选目最大的问题，乃是收入了一些格律有误的近体诗。律诗、绝句等近体诗的写作是要讲究格律、押平水韵的，韵部之间很容易混淆，学子在科考中创作试帖诗时常常出错。试看《小学弦歌》选的这几首诗。“教知足”中蒋复轩的《镊白发》：“劝君休镊鬓毛斑，鬓到斑时已自难。多少朱门年少子，业风吹上北邙山。”“斑”“山”属平声删韵，“难”属平声寒韵，“难”字出韵。“广劝戒”中题名宋人的《题鹦鹉》：“鹦鹉高飞绕帝都，暮收朝放费工夫。何如养个南来雁，沙漠能传二帝书。”“都”“夫”属平声虞韵，“书”属平声鱼韵，“书”字出韵。“广劝戒”中僧可观的《九日》：“胸中一寸灰已冷，头上千茎雪未消。老步只宜平地去，不知何事又登高。”“消”属平声萧韵，“高”属平声豪韵，两字除首句借韵外，在近体诗中不能通押，而且该诗的“已”字出律。寒韵和删韵、虞韵和鱼韵、萧韵和豪韵本来就容易搞混，选入这种押韵错误的作品，对学子以后创作格律诗时无疑会造成一定的误导。这不能不说是李元度的一大失误。

鉴于以上的缺点，我们也很容易理解，为什么后来人们在使用《小学弦歌》时，往往要对其加以筛选了。

五、结语

从先秦时期列国贵族的“赋诗言志”到今天的中小学诗词教育，中国的诗教传统已延续2000余年。正如孔子所说的：“诗，可以兴，可以观，可以群，可以怨。迩之事父，远之事君。多识于鸟兽草木之名。”（《论语·阳货》）诗歌的内容涵盖广泛，诗歌的形式受人喜欢，利用好了诗教，对于学子的身心发育有着相当正面的作用。从唐代胡曾的《咏史诗》，到宋代刘克庄的《千家诗》、汪洙的《神童诗》，再到清代孙洙的《唐诗三百首》，1300多年来，人们编纂了许多种童蒙诗选，以使学子们在道德上、文学上受教育，它们中的合理成分是我们如今开展诗教、弘扬中华优秀传统文化的宝贵资料。李元度作为晚清的著名文人，所编的《小学弦歌》兼顾了诗歌的思想性和艺术性，规模宏大，分类严谨，水平较高，一度颇受人重视，尽管存在着一些缺陷，仍不失为中国古代童蒙诗选史上集大成的著作。然而，目前人们还没有充分认识到这本书的价值，除了团结出版社《中华经典诵读教材》第二辑于2016年出版了一部《小学弦歌选》外，还没有其他的点校整理本。

我们认为，整理出版《小学弦歌》可以从两条路线着手：一是保留文献的路线，即保留原书八卷932首诗的规模不变，选用通行文本做好对校，并订正时代、作者的讹误；二是去芜存菁的路线，即运用社会主义核心价值观的眼光，“从中精选一下，把所有意境不太好的诗都去掉”（《传统语文教育教材论——暨蒙学书目和书影》），剩下的诗歌作好注释和评析，编成一部适合学生阅读、有典范意义的《小学弦歌》新选本。两种路线各有其必要性和价值，不可偏废。我们有理由相信，经过系统整理的《小学弦歌》，一定能在新时代社会主义精神文明的建设上发挥更大的作用。

（作者单位：山东大学儒学高等研究院）

宋代山水画不单单画山水，时常要在山水之中嵌入人物活动的片段或亭台楼阁的一角。

宋词中的“剪影”

——与宋代山水画同观

霍明宇

宋词中的景物描写有时会定格于某一具有特定意义的画面，供人凝视。如欧阳修《蝶恋花》：“泪眼问花花不语，乱红飞过秋千去。”用花落空空秋千架的场景带出闺中女子的相思和落寞。宋词中的叙事有时定格在人物生活的一个片段或场景，供人回味。如晏几道《鹧鸪天》：“今宵剩把银灯照，犹恐相逢是梦中。”用恋人重逢后既忧且喜的复杂心情带出两情的相悦相惜。这些特定的景与人的场景，就像生活中的一个个剪影，常常出现在词的末句，起到以景结情、以事代情的作用。这些经过特别选择的剪影往往能够引发读者情感上的共鸣和文化上的认同，它们与整首词的结构关系，是在前面的背景式抒情写景之后，最后起到将情感聚焦、定格和升华的作用，从而点染全篇，境界全出。这种由远而近、由小见大的布局方式，与宋代山水画远近游观、造境写意的布局具有异质而同构的关系，两者或可同观。值得提出的是，这种布局和抒情的特色，在篇制短小的令词和小品画中更易凸显其审美价值，本文即主要以宋代令词和山水小品画为考察对象。

由远及近的书写方式

宋词中有一类佳作，布局先由大处落笔，或酝酿出天地之间一番开阔景色，或叙述人生的经年变故，或描摹时代的风物人情，娓娓道来，由远及近，最后聚焦于眼前一个微小画面。这个定格后的画面，取日常所见人、景、物之剪影，加以词人情感的投射，而别具一番情韵。借助前面背景式的铺叙，出现在词作最后的这一剪影虽属片段小景，却不显局促，由此投射出人生乃至时代的宏大感慨和深邃哲思。这一由空灵朦胧之远景聚焦于细腻生动之近景的过程，也使得整首词呈现出远近游观、小中见大、大小相宜的开阖之美。例如南宋姜夔的《点绛唇》（丁未冬过吴松作）在格局安排上便具有此种特色。

燕雁无心，太湖西畔随云去。数峰清苦。商略黄昏雨。
第四桥边，拟共天随住。今何许。凭阑怀古。残柳参差舞。

这首词题“丁未冬过吴松作”，当是南宋孝宗淳熙十四年（1187）之事。姜夔早年曾有考取功名的志向，但屡试不第，仕途之路茫然。所幸他得到萧德藻、范成大、杨万里等友人的赏识，从而出入文人雅士之所，唱酬应答，生活尚可应付。这首词可能正是姜夔去往苏州范府途经吴松（今江苏吴江）时所作。上片泛写远景，瘦峰数座，平湖泛泛，飞云淡淡、雁行渐行渐远，组成一幅视觉上“格韵高绝”的远景。燕雁无心、数峰清苦都是拟人的说法，将物写得有情。而词人是怀着怎样的一种心情来看眼前这些景物的呢？“第四桥边，拟共天随住”，第四桥代指唐代诗人隐士陆龟蒙的故居。姜夔一向仰慕陆龟蒙，尝以之自比，“沉思只羡天随子，蓑笠寒江过一生”（姜夔：《三高祠》）。可见姜夔也有一份渴望归隐的心态。如今路过天随故居，自然会引发胸中感慨，如此再返回去看上片之情，责怪燕雁随云而去的无心，悲叹数峰雨中伫立的清苦，又都可以视为词人自身零落不堪的折射，景色的背景和身世的背景暗合。“凭阑怀古”一番之后，接下来的一问“今何许”，是从怀念古人的忧思中回到眼前的现实，但是待要继续却就此收住，只以“残柳参差舞”一个小小画面收束。参差几枝疏柳于风中摇曳，更无一点风华，这衰柳正是词人内心的景象，虽然有“拟共天随住”的高情，但是依然无法摆脱现实中的凄凉飘零。整首词画面感极强，由远处的平湖秋景，雁行、远山、飞云，写到近处，一文士仰天颙望，身旁参差柳枝轻轻扶起，衬托出几多悲凉，笼罩着几多沧桑。作者借着景物的描写，由远及近，一层一层将这种朦胧怅惘的情感落到真切的眼前，定格在杨柳参差舞动的画面。

这种由远及近的笔法就好像观赏一幅宋代山水画的过程。宋代山水画不单单画山水，时常要在山水之中嵌入人物活动的片段或亭台楼阁的一角。远山湖面苍劲峭拔、静练清空，近亭人物则灵动绵渺，神采斐然，造出种种意境。细看人物，或仰观山林、俯瞰江湖，或与友人山亭对弈、品茗论道。相对于山水这一大的背景，人物和亭台往往是小小一点，轻轻几笔，在画幅中只占据毫厘，观者有时要游观一番之后才能将其发现。笔墨虽然不多，却是山林湖水的精气所在，灵性所聚，不仅增加许多生动，而且拉近了山水和观者的距离。也可以说，远处山水之或雄浑或清隽的镜像，涵养了近处的台阁人物，而近处的台阁人物恰恰是借助了山水之景而呈现出神韵与高致。北宋郭熙《林泉高致》有云："谓山水有可行者，有可望者，有可游者，有可居者。凡画至此，皆入妙品。但可行可望不如可游可居之为得。""可行可望"虽然能感受山水清明重晦之美，但可游可居则更可达到天人合一，物我交融。山水之可游可居是观者的视角，也可以是画中人物的视角，因为有了亭台人物的参与，从而多了一份与山水的互动，也就增添了一份可游与可观。可以说，这种由泛泛远景聚焦于近处之剪影的布局方式，与前述宋词有着异质而同构的审美体验。

南宋夏圭的《山腰楼观图》就画出了这种感觉。这幅画远近数座山峰瘦硬挺拔，立于画面的主要部位，而群山只画峰顶到山腰，不画山脚，让人感觉其高不可测，深不可

[宋]夏圭《山腰楼观图》 藏于台北故宫博物院

探。山上缀以青翠古松，俊秀隽永。而这幅画的灵动之处是在画面底端的左角勾勒了一处近景，近处山腰上杂树丛中，现出亭台楼阁的一角，中有一位士人凭栏远眺，似与群山俯仰应答。这一近景虽然占幅很小，却为整幅画作增加了“相看两不厌，唯有敬亭山”（李白:《独坐敬亭山》）的意境。

远景之“境”与剪影之“意”

片段小景如何能够点染全篇之情感？这是因为剪影所写之“意”与远景所造之“境”之间，构成一组气韵相通、情意相应的有机整体。远景所造之境，如前面所举姜夔的这首小词，就是在营造了空冷幽凄的情感基调之下，再添以“残柳”的这一具有感伤离别之意象的文化符号，从而烘托出全篇的意境，达到景与情相融合的境界。这在宋代绘画中同样是一种大小相宜的审美追求。特别是在兴盛于两宋的文人山水画中，山水与人物的格调相合，天人合一，物我两忘，几乎成为一个重要的审美创作标准。例如宋代佚名的《山居对弈图》，此为纨扇小品，尺寸为36×38厘米。从整体的构图来看，也呈现出由远及近的层次，最远处隐隐有群山绵延，山色清秀淡雅，几乎不着笔墨。近处则有婆娑枝丫两三丛，杂树掩映下山腰的一块平地上有几间茅屋，屋内两位士人相对而弈，只见一人背对群山而坐，低头凝视棋局，若有所思、举棋不定。另一人则俯身前倾，若有所言，右手抬起若有所指。画面中两人就此僵住，停在寻思如何将棋局推进的场景。观此两人，虽然人物渺小，只画出行动轮廓，看不清神情意态，但两人对弈

［宋］佚名《山居对弈图》　藏于北京故宫博物院

之趣却刻画得活脱真实。从落笔风格来看，连绵远山墨色逐渐淡去，消失在与之相连的大片空白之中，任观者想象远处空间里的有和无。茅亭亦生笔草草，并不着意精工，处处都是意兴而至，随性而为，整体上创造了一种旷逸闲适的感觉。看山是脱落实相，而对弈更是文人写意。对弈被视为古代士大夫所追求的一种恬淡高雅的休闲方式，唐代白居易《官舍闲题》写道："职散优闲地，身慵老大时。送春唯有酒，销日不过棋。"对弈时两方凝神屏气，静观于内，又是一种人格修养的体现。此处画"对弈"是别有意味的安排。画中两位士人，于层峦秀木之下，悠然对弈，远山之幽远空灵与近亭之清静超拔，相映生辉，尽显参悟自然的妙趣。

脱略形似只是第一步，还要在山水之间找到灵气。山水画中正是用嵌入山水之中的人物剪影来点染这一灵气的。南宋梁楷的《柳溪卧笛图》，这幅画也是小幅，尺寸为45×45厘米。这幅画极其典型地体现了宋代文人山水的特色，小小一段尺幅中大片都是苍茫的留白，笼罩在一片氤氲雾气之中。画家只在画幅中间的位置作些许皴染，顿时别有洞天，由此现出云烟、溪水和柳岸。而写出画作之意境的，更在于那泛舟溪水之上的吹笛之人。芦苇丛中，柳岸之旁，出现一位居士之剪影，他侧仰盘膝横卧于一叶扁舟之上，与舟身合一，停橹泊舟、闲逸吹笛。这一"卧舟吹笛"的剪影可谓别有一层深意。应邵《风俗通义》："笛者，涤也。所以荡涤邪秽，纳之于雅正也。"《乐书》："笛之涤也，可以涤荡邪气出扬正声。""吹笛"具有涤荡邪秽，雅正世风的作用，笛声清扬，助人静观悟道，也带有一

[宋]梁楷《柳溪卧笛图》　藏于北京故宫博物院

种人格修养的文化意蕴。在如此苍茫又静谧的柳溪仙境，闲卧水上吹一曲笛声，恰好为此邈远空灵的意境点睛。这就是背景之“境”与剪影之“意”的结合。

以宋画中的这种布局思路观看宋词，两者也是异质而同构的关系。宋词中剪影之“意”同样与背景之“境”存在深层的暗合。宋词中很多言情之作以宏大的时代为背景，最后聚焦于生活中的一段儿女私情，儿女之情虽然是一己之私，但是与时代之殇，甚至人类命运之共同悲哀有着相通的情感质地。南宋的一些相思小令将词人一己之悲欢离合嵌入时代的大离别之中，大离别与小离别，同此一番悲凉。如吴文英这首《浪淘沙》：

灯火雨中船。客思绵绵。离亭春草又秋烟。似与轻鸥盟未了，来去年年。

往事一潸然。莫过西园。凌波香断绿苔钱。燕子不知春事改，时立秋千。

这首小词，上片写经年漂泊，客游他乡的身世之感；下片写旧地重游，怀想故人的相思之情，最后定格在“燕子不知春事改，时立秋千”这一相思怀人的小小画面上。虽然谈身世及爱情，但是整首词又笼罩于一种悲时伤逝的末世情怀中，不论是爱情的失落还是身世和时代的失落，都是对所期待之美好的落空，对自身命运无由掌握的无助，两者情感同质。吴文英生活的年代已到南宋最末，这个时候国之大势已无可挽留，北方蒙元的铁蹄日益逼近，而王朝之内则依然在上演着政权倾轧、权臣当道的斗争。吴文英处在这样的时代背景中，一生未得及第，依靠词名奔走游幕于权贵之门，先后为浙东安抚使吴潜及嗣荣王赵与芮门下客，晚年困踬而死。这首小词的上片，写词人孤独地漂泊在一叶扁舟之上，找不到任何停靠的地标，时近黄昏，万家炊火，客游之思正如那笼罩在江湖之上的细雨，不着边际。这写出了旷远的空间感。离亭当是词人记忆中与友人欢聚又分离的地方。作为一个依靠拜谒游幕于权富之门以求生存的人，这种漂泊游历就是生活的常态，来去年年重复着这样的生活，让人感到时间的空虚。上片是虚无的时空，下片则回到具体的人事，

“往事一潸然，莫过西园”。此处的往事当是指词人在杭州的亡妾。重到西园故地，想故人香消玉殒，地上唯余点点青苔，勾起心中故人故事，泪落泫然。“燕子不知春事改，时立秋千”以一个庭院日常的剪影作为全词的最后一句，是以景结情。燕子并不知道伊人已去，还若无其事地站立于空荡荡的秋千上。这一句是在怀念故人，同时又让人联想到上片词人身世的悲叹，“春事改”是惜春，是叹息年轻女子生命的消逝，也是叹息词人自身命运的飘零。而身世之悲、怀人之苦与无常之叹，何尝不是感染于时代气息的消歇，王朝落幕之前，多少绝望的文人墨客浪游于江湖，虚度流年。“叶声寒，飞透窗纱。堪恨西风吹世换，更吹我，落天涯。”〔邓剡：《唐多令》（雨过水明霞）〕“那堪独坐青灯，想故国，高台月明。”〔刘辰翁：《柳梢青》（春感）〕而吴文英这首小词最后定格在燕子时立秋千这一个小场景上，更是别有意味。那沧桑飞燕，多少次出现在诗人墨客的笔下，从刘禹锡的“旧时王谢堂前燕，飞入寻常百姓家”（刘禹锡：《乌衣巷》），到南宋邓剡的“寂寞古豪华，乌衣日又斜。说兴亡，燕入谁家？”这别有意味的文化符号，往往带来厚重的历史感。在大宋灰飞烟灭的前夜，谈身世之悲、儿女情长，均逃不开时代投在每一个小人物身上的阴影。此一燕立秋千的小景，却是与身世、家国、相思多种复杂情绪相通的一个经典场景。

宋词中还有很多相思怀人之作，在将前事沉思回忆一番之后，最后借一个日常生活的剪影，再将无限思念转向更深一层。贺铸悼念亡妻的《鹧鸪天》（半死桐）就是如此：

> 重过阊门万事非。同来何事不同归。梧桐半死清霜后，头白鸳鸯失伴飞。
>
> 原上草，露初晞。旧栖新垅两依依。空床卧听南窗雨，谁复挑灯夜补衣。

苏州是贺铸为母亲停官服丧期间与妻子曾一起居住过的地方。多年后，妻子已经故去，贺铸再一次路过苏州想起当年的种种往事，不胜哀恸之情。痛失爱妻对贺铸的打击巨大，整个生活都不再是原来的样子，所谓“万事非”。词从回忆往昔开始，“同来何事不同归？”这是对生命无常的追问，是对苍天无情而人有情的追问，也是没有答案的向空发问。接下来拉回现状，连理梧桐失去了伴侣，失伴鸳鸯也只能单飞，一如词人当下的孤独。不仅“半死”而且“头白”，则是更进一层，从怀念亡妻转向人生之无常。下片换头处继续了这种无常之叹，汉乐府挽歌《薤露》曰：“薤上露，何易晞。露晞明朝更复落，人死一去何时归。”清晨草叶上的露珠在太阳出来后旋即蒸发，人的生命也是如此转瞬即逝。“新垅”是妻子的坟墓，“旧栖”则是两人曾经同住的苏州故居，此用旧栖和新垅形容自己与亡妻的阴阳两隔。词作从开始回忆阊门的故人故地写起，到自身的衰老孤寂，再转向旧栖新垅的不胜今昔之感，似乎已经把所要怀思的人事说尽。但最后却突然转出“空床卧听南窗雨，谁复挑灯夜补衣”一句，把全词的情感定格在一个过往生活的小小剪影上。苏州故居，雨打南窗，词人辗转空床，忽而想起那熟悉的生活场景：夜深人静，妻子还在挑灯为自己缝补旧衣。一句简单的白描，让人感觉到夫妻之间伉俪之爱的温馨，同时更让人叹惋，这样的温馨画面再也不复存在。这一个小小的场景将全词的情感推向高潮，而回看往事历历，故地种种，都是为这最后的点睛之笔作了背景和铺垫。

虚境与剪影

填词之法，首在炼意，次在布局。篇幅短小的诗词以虚实互见为美，以有限的实映衬无限的虚。诗词以抒情见长，但有些小词却不主言情，而只是淡然叙述日常生活中的一个小小片段，制造一个日常的剪影，而其中未及说出的幽约微妙的感情则成为虚写的背景。一个生活的片段如何能够具有如此以实写虚的力量？因为它能感发一种未能写出却隐约能够被读者捕捉的意境，这种意境靠读者的经验和联想补充起来，可以视为一种词人与读者共同建构的“虚境”。比如李清照的这首《如梦令》，短短三十三字叙述晨起时与侍女关于海棠花的一段对话，此是写实。而其中可能蕴含的未能说出的生命之感动，则是写虚。

[集]

昨夜雨疏风骤，浓睡不消残酒。试问卷帘人，却道海棠依旧。知否，知否？应是绿肥红瘦。

夜晚风雨强劲来袭，清晨酒醒后词人以海棠询问侍女，侍女答之："海棠依旧"，而词人则疑之："应是绿肥红瘦！"这一问一答是写实，然而在这一小段日常对话中却有很多未能写出的意味。词人为何如此在意海棠的安好？既然已经料想到海棠会惨遭摧折，又为何发问？既然侍女答之无恙，又据何怀疑？侍女的一句无心应答，为何引起词人如此强烈的情绪？这么多没有说出、没有道明的情愫，却恰好营造了一种朦胧、活泼而富于张力的意境，它由实笔暗喻，却以虚境存在于小词之外。试想那尚在豆蔻芳龄的词人，刚刚领悟到惜春之意的女子，是否对世间一切年轻而美好的生命都怀有一份珍视，为它们终将逝去的无常之命运又都怀有一份深深的惋惜？词中不说海棠的美好，也不说"红瘦"的凄凉，而是用词人和侍女对待落红的不同态度，正反相衬，表达了惜春之情，也表达了年轻女子渴望像海棠花一样被关注、被珍爱的内心情愫。这就是小词中的虚与实。

宗白华先生曾评价八大山人画鱼，称其："在一张白纸的中心勾点寥寥数笔，一条极生动的鱼，别无所有，然而顿觉满纸江湖，烟波无尽。"（宗白华：《美学散步》）不去画满纸江湖，只把满纸江湖留给观者想象，这是虚笔；实际画出来的虽然只有寥寥数笔，然而姿态百出，让人可以由实而悟虚，从而感到烟波无尽、气韵生动。南宋画家擅造虚境，虚境下再着一别具意味的剪影，便神韵全出。南宋马远、夏圭绘画时多作"一角""半边"，截取片段和一角之景，而留下大片空白作为虚景，以感发联想的空间。如马远的这幅《寒江独钓图》，是大小为40×51厘米的小幅绢本画作。唐代诗人柳宗元有一首著名的绝句："千山鸟飞绝，万径人踪灭。孤舟蓑笠翁，独钓寒江雪。"看马远这幅画作会让人想起柳诗的意境。整个画面除了一叶小舟和一位渔翁，再无其他安排，四周全部是空白，写尽了一个"独"字。再仔细看渔翁的姿态，身体微微前倾，引颈凝神于手中的钓竿。渔翁的衣着发饰皆十分随意，注意力完全集中于落竿的方向，似乎世间只有此垂钓一事，再无旁骛。我们知道，在中国古典文化中，渔父的身份有特殊的含义，象征着归隐于江湖，

［宋］马远《寒江独钓图》 藏于日本东京国立博物馆

不为俗世所累的人格追求。这幅画中上下四周的虚空，似乎象征着渔翁已经涤尽世俗之情，内心只剩一片空灵禅静，而凝神于垂钓的剪影则喻示出渔人此时此刻不为外扰的心境，虚实相互涵养。如果江中剪影不画渔父垂钓，则小画的意趣恐怕要失去许多了。

（作者单位：中国艺术研究院中国文化研究所）

出新不能离开守正，基础要稳，走的路要平正通达。只要基础牢固，有充分的资料作依据，可以大胆地提出新的结论。但为了求新而故意用偏锋，或者故意抬杠，则不是学者的风度。

名山事业，恢弘精审

——《袁行霈文集》出版感言

孟 飞

十卷本《袁行霈文集》(以下简称《文集》)的出版，实是嘉惠学林的一件盛事和幸事。

袁行霈先生是当代学界公认的古典文学研究大家。单从北京大学中文系资深教授、人文学部主任、国学研究院院长、国际汉学研修基地主任，中央文史研究馆馆长，美国人文与科学院外籍院士等一长串令人肃然起敬的名衔，即可约略窥见袁先生学术成就之大和学界声望之高。然袁先生为人一向低调谦逊，故著述虽丰，始终没有结集出版，友生论及每以为憾，今承山东人民出版社玉成其事，俾得后学一窥涯涘，幸何如之！

此次出版的《文集》，除学术论著以外，还收录有袁先生平日创作的诗词和小品文等，至于袁先生所主编或与友生合著的作品则均未收入。山东人民出版社经过四年精心打磨，全新校勘，内容精审，装帧精美，其所出品堪称匠心之作，与袁先生之著述相得益彰，全编在手，可谓琳琅满目。纵览袁先生之著作，其千峰竞秀的名山事业，固然令人叹为观止；品读袁先生之文章，其海纳百川的大家风范，更加令人悠然神往。

一、恢宏雅正的学问气象

袁行霈先生早年曾作过一篇小文，这样形容自己心目中的“学问的气象”：“如释迦之说法，霁月之在天，庄严恢宏，清远雅正。不强服人而自服，无庸标榜而下自成蹊。”（《群言》1996年第8期）移此来评价袁先生自己的学问，可以说是恰如其分。

袁先生早期学术研究以古代文言小说名家，其后集中到“中国诗歌艺术研究”“陶渊明研究”等主题，并在文学史研究领域取得了令人瞩目的成绩。《文集》所收袁先生之著作，既有《中国文学概论》《中国诗歌艺术研究》之发凡起例、体大思精，又有《陶渊明研究》《陶渊明影像》之探赜索隐、擘肌分理，可以说兼综广博与精深，其治学视野之开阔、格局之宏大、眼光之独到、著述之宏富，当世学者罕能望其项背。

对于学术研究，袁先生作过如下譬喻：“做学问如下围棋，虽然是举棋落子一步一步走，但胸中自有满盘全局的观念”（见李洲良：《清逸　清拔　清淳》，王能宪、董希平、程苏东编《双清集》）。观袁先生之治学，正如大禹治水一般，于天下山川之脉络形势，莫不洞然于胸、了如指掌。如袁先生享誉学界的经典著作《中国文学概论》，其体大思精的结构令人印象深刻：上编提纲挈领，总论中国文学的特点、类型、分期和作家地理分布；下编条分缕析，分述各种文学体裁的源流演变，同时揭櫫文体之间在演化过程中互相渗透，展现出各种体裁丰富特征的成因及其复杂演化过程的由来，可以说“是一本在观念上和建构上都有所创造的文学史”（罗宗强：《老人不再耳提面命——评袁行霈〈中国文学概论〉》，《读书》1991年第8期）。该书被程千帆先生评价为“提要钩玄、敲骨得髓之作”〔程千帆：《致袁行霈》（二），《闲堂书简》〕，如今也早已成为古代文学专业的经典教材。

《蠡测集》（《文集》第六卷）所收论文主要为袁先生关于中国文学和文化的“大时段研究”的论文。这些具有纲领性质的文章，集中表述了袁先生对于中国文学史、中华文明史、中国地域文化等领域的深刻思考和独到见解。在《我的中国文化时地观》一文中，袁先生指出，中国文化研究要将“时间”和“地域”两个坐标综合起来加以考察；在《关于中华文明史的理论思考》一文中，袁先生提示要将中华文明放在世界文明的大格局中加以考察；在《文化的馈赠》一文中，袁先生倡议与经济全球化同时到来的既不是单一的全球文明，也不是文明的冲突，而是文明的自主、馈赠以及多元文明的繁荣。这些精彩的论点，或高屋建瓴，或知微见著，无不显示出袁先生恢弘雅正的学问气象。

二、纵横通达的治学理念

早在1978年，袁先生就在《光明日报》发表文章，倡导“横通”“纵通”的治学理念。所谓“横通”，用袁先生的话讲，就是将文学与哲学、政治、宗教、绘画、音乐等学科打通，开展多学科交叉研究；所谓“纵通”，是对研究课题的来龙去脉进行纵向的把握，对局部的问题也要做历史的、系统的考察。二者结合，自然四通八达、无往不利。今观袁先生之学术研究，确乎一以贯之，适足与其说相印证发明。

以袁先生最负盛名的著作《中国诗歌艺术研究》为例，全书共分上下两编：上编构建了一个以“言、意、象、境”为核心的中国诗歌艺术研究的理论体系，下编从诗歌艺术史的角度，考察了自屈原到陆游共十四位诗人的艺术特色、艺术风格和艺术成就。上下两编互相印证，“仿佛两条坐标轴构成一幅坐标图，交辉映照，互为表里”（林庚：《中国诗歌艺术研究·序》，《文集》第一卷）。林庚先生在序中评价袁先生“为学多方，长于分析，每触类而旁通，遂游刃于群艺”，“举凡音乐、绘画、宗教、哲学，思维所至，莫不成其论诗之注脚”，可谓知音之论。袁先生的治学风格也确实如庖丁解牛一般，批郤导窾，游刃有余，以研究的实绩开出了新方法的门径，成为诗歌艺术研究的一代典范。

具体到作家研究，袁先生的陶渊明研究也非常值得称道，足示来者以轨则。袁先生自承对于陶渊明，“不仅将他作为一位诗人来研究，还将他作为一位哲人来研究；不仅研究他本人，还研究他所处的政治背景、思想潮流和文艺潮流”。袁先生的研究策略，是“力图将陶渊明放在一个中心点上，纵横交叉地绘出一幅真实的陶渊明影像”。袁先生治陶三十余年，之所以取得如此大的成绩，首先以扎实的文献整理为基础，积二十年功力而成《陶渊明集笺注》，成为迄今最完备、最权威的整理本。在此基础之上，袁先生格外注重从多个学科、多个角度对陶渊明展开全面立体的研究，包括陶渊明年谱研究，陶渊明与东晋政治关系的研究，陶渊明的思想、风度、诗文及影响研究等，最终形成专著《陶渊明研究》。此外，袁先生对陶渊明的研究不仅围绕诗文本身，还特别关注陶诗经典地位的形成过程，《陶渊明影像》一书即是通过系统研究历代绘画中陶渊明形象的演变，揭示出他在不同政治群体中的接受过程，堪称文学史与艺术史交叉研究的典范之作。

在唐诗研究领域，袁先生也主张从“纵向”“横向”两方面开展综合研究。其中纵向的研究是指唐代诗史的整体描述，注意史的脉络和纵的比较，而非诗人生平创作的罗列，主于再现唐代诗歌的总体风貌、唐代诗歌思潮和唐诗创作演变的轨迹及其内在外在的原因、唐代诗人的群体和唐诗的流派等。横向的研究则是还原唐朝的文化背景，并把唐诗放在这个背景上考察，偏重于唐诗和唐朝的哲学、宗教、艺术等学科之关系的研究，以及唐代诗人生活风貌、美学思想、宗教信仰、唐代诗人的创作契机、唐诗在社会生活中的作用、唐代诗人的地理分布和唐诗的地方差异等方面的研究。袁先生强调，只有“调动一切研究方法和手段，从各个不同的侧面入手”，才能“建立以唐代诗歌为中心的多学科研究的新格局”。

三、守正出新的学术追求

创新是学术的生命，无论是新学科的创立、新体系的建构、新概念的提出，还是新材料的发现、新方法的运用、新视角的选取、新观点的证成……都成为学术工作者孜孜以求的共同目标。袁先生在上述方面多有建树，但他同时也提醒：“出新不能离开守正，基础要稳，走的路要平正通达。只要基础牢固，有充分的资料作依据，可以大胆地提出新的结论。但为了求新而故意用偏锋，或者故意抬杠，则不是学者的风度。”无论是研究学术，还是教导学生，“守正出新”可以说是袁先生贯彻始终的学术追求。

回顾袁先生的学术生涯，我们会发现，袁先生的研究从不刻意求新，但却总能得风气之先。如对于中国诗歌艺术的研究，在诗歌研究还从属于意识形态问题的讨论时，袁先生就以诗为诗，深入艺术的层面，“将诗歌的文本研究和文学理论研究结合起来，最早从中国古典诗歌的多义性、意境、意象，诗歌的音乐美，以及人格美、自然美等方面，阐发了中国诗歌艺术的内涵”（葛晓音：《日月不息　师表常尊》，《双清集》），探骊得珠一般，将前人不可言说的奥秘抉发出来，打开了诗歌艺术研究的新局面。

又如对于中国文学的研究，学术界以往多偏重于单个作家和单部作品的评论，缺少多侧面的透视和总体论述，袁先生则根据自己对于中国文学的理解，构建出一种全新的理论体系——既不同于中国文学史，也有别于偏重理论的文学概论；既涵盖了中国文学的各个方面和全部过程，又简明扼要并且具有理论性。袁先生早年论著中提出的一些重要命题，如“中国文学的地域性”“文体之间的相互渗透”“中国文学传播的方式和媒介”等，后来逐渐成为学术界讨论的热点，有些还被开拓为新的研究领域。

再如文学史分期问题，在《中国文学史》总绪论中袁先生提出了所谓“三古七段”说。这种分期方法着眼于文学本身的发展变化，而将其他的条件诸如社会制度的变化、王朝的更替视为文学发展的背景，突破了以往文学史按王朝体系划分的局限；其中提出的“文学本位，史学思维，文化学视角”撰写原则，符合文学史研究的内在规律，为文学史书写提供了新的维度和视角。由袁先生主持编纂的《中华文明史》《中国地域文化通览》《新编新注十三经》等学术项目，也均以“守正出新”为指导精神，得到了学界的广泛认同。

袁先生的“守正出新”，还体现在引领学术研究的新风气上。早在1992年，当“国学”还为人们讳莫如深时，袁先生就创办了《国学研究》，并撰长文论述国学的当代形态与当代意义，倡议以“分析的态度、开放的态度、前瞻的态度”来面对国学的复兴。十多年前，当学界热衷于译介西方学术理论时，袁先生即与康达维教授合作，启动了《中华文明史》的外译工作（至今已出版英文、日文、韩文、塞尔维亚文、俄文、匈牙利文等6种译本），实现了中西学术的平等对话与交流。

四、龙虫并雕的著述旨趣

袁先生创办北大国学研究院，曾借用王力先生的斋号“龙虫并雕”作为研究宗旨，是说一方面从事研究高深学术，另一方面肩负传统文化的普及工作。对此袁先生身体力行，这一旨趣同样体现在他的著述之中。

就学术著作而言，在注重学术严谨性的同时，袁先生非常讲求文字的美感，在语言表述上尽力追求一种深入浅出、雅俗共赏的风格。诚如曹道衡先生所称道的那样，读袁先生的“艺术分析文字，本身就是一种极好的艺术享受”（曹道衡：《读〈陶渊明集笺注〉》，《古籍整理出版情况简报》2003年8月4日）。袁先生撰写的古典诗词鉴赏著作《好诗不厌百回读》（见《文集》第六卷《愈庐论诗》下编），此前另册单行，深受广大读者的喜爱，一直是书店古典文学类的畅销书和长销书。

和许多老一辈古典文学研究名家一样，袁先生不仅是博古通今的学者，还是雅擅古今诗体的作家，他的散文妙趣横生，也自具一格、自成一家。

袁先生曾用“以诗论诗”的形式，选取先秦至清代的百位诗人（或诗集），写成《论诗绝句一百首》，并自加简注，“自诗骚而下，历数汉魏唐宋，抵明清以至近世，长河曲折，众星耿耿，阴晴变化，群峰历历，参酌三古，诠评百家”（曾祥波：《论诗绝句一百首跋》），堪称一部别出心裁的“诗史”。此外，袁先生还有别集《愈庐诗钞》，其中也是佳什迭兴，不胜句摘。

李洲良教授曾评价说：“先生的学品与人品一言以蔽之：‘清’而已矣”，袁先生所作的散文，从容自适，饶有兴味，同样给人一种“清”的印象：清通的思致、清隽的趣味和清逸的文笔，如陶渊明诗文，读之穆如清风，字里行间透着一种洗尽铅华的清澈之美。品味这些冲淡的文字，读者自可领略先生谦素的襟怀，感受先生人格的魅力。

值得一提的是，多年以来，袁先生还先后主持了《中国文学史》《中华文明史》《中国地域文化通览》《新编新注十三经》等大型学术项目，长期担任《国学研究》主编，与蔡宗齐教授合办英文刊物《中国文学与文化》，其他社会工作也十分繁剧，与闻其事者均知袁先生绝非徒挂虚衔，而是黾勉从事、亲任其劳。上述种种无疑会耗费大量时间精力，但袁先生仍能保持健旺的精神和年轻的心态，持续不断地产出学术精品，不能不让人备感钦佩。如果说《文集》尚有遗珠之憾的话，也许就是袁先生多年来与海内外学人的论学书札还没有来得及整理出版，希望将来有机会再作补遗。

袁先生常教导学生“要写站得住的文章”，事实证明袁先生的著作是经得起时间检验的。唐人李德裕曾言：“日月常见，而光景常新”，读袁先生的著作也有同样的感受。常读常新，大概正是经典著作学术生命力的彰显。“高山仰止，景行行止”，藉此《文集》出版之机，对袁先生之著述略作一番巡礼，所愧笔者学识浅陋，管窥所及，不过举其荦荦大者，读者自行披览，相信必能虚往实归。

（作者单位：西北大学文学院）

陆侃如和冯沅君于北京读书期间相识，于1929年结为伉俪。他们不仅是生活上的好伴侣，更是学术上的好搭档，两人的研究领域正好贯穿了整个中国古代文学史。

陆侃如、冯沅君致关德栋书札辑笺

车振华　关家铮

近日，偶然检得著名学者陆侃如、冯沅君致关德栋[1]信札二通，写信时间是20世纪50年代。这两通名人信札，历经半个多世纪的数次磨劫，能够保存至今，弥足珍贵。现对信札的写作背景略作介绍，以呈现陆侃如、冯沅君与友朋间的学术交流细节，表彰他们为山东大学中文学科建设和发展尽职尽责的奉献精神，希望这两通信札对于深化山东大学校史和文科学术史的研究有所裨益。

陆侃如（1903—1978），原名侃，字衎庐，笔名小璧。祖籍江苏太仓，出生于江苏海门。1922年考入北京大学，师从胡适。1926年考入清华大学国学研究院攻读中国古代文学，师从梁启超、王国维等导师，1927年毕业。从入北大至清华国学研究院毕业，就已发表《屈原》《宋玉》《宋玉赋考》《〈孔雀东南飞〉考证》《乐府古辞考》等。这些著作富于原创性，直至今天仍是该领域重要的参考文献。1932年留学法国巴黎大学，1935年获文学博士学位。他先后任教于上海中国公学、燕京大学、东北大学等校。1947年秋到青岛，任山东大学中文系教授。1951年任山东大学副校长等职。

冯沅君（1900—1974），河南唐河县人，原名淑兰，字德馥，笔名淦女士、沅君、大琦、吴仪等，是著名哲学家冯友兰和地质学家冯景兰的胞妹。1917年考入北京女子高等师范学校文科专修班，1922年考取北京大学研究所研究生。1932年留学法国巴黎大学，1935年获文学博士学位。曾先后任教于金陵女子大学、中法大学、上海暨南大学、中山大学、东北大学等校，1947年秋起任山东大学中文系教授。1963年11月16日被国务院任命为山东大学副校长。冯沅君最初以作家身份扬名文坛。她从1922年开始小说创作，以“淦女士”为笔名在《创造季刊》《创造周报》上发表《旅行》《隔绝》和《隔绝以后》等，先后出版了短篇小说集《卷葹》《春痕》和《劫灰》。她的小说充满了追求个人自由和反抗旧礼教的叛逆精神，在当时曾引起巨大轰动。

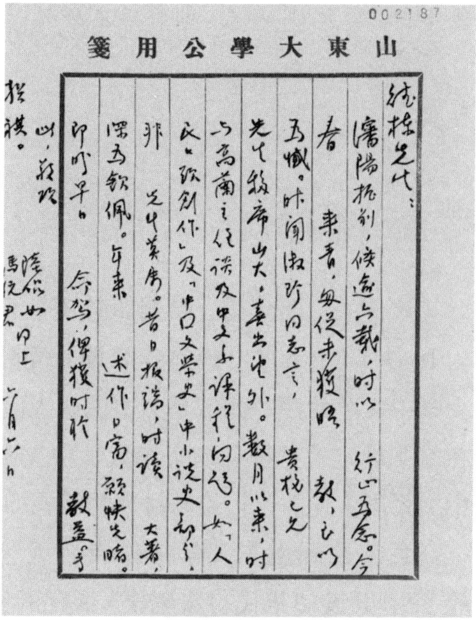
002187

山東大學公用箋

德栋先生：沈阳握别，倏逾六载，时以行止为念。今春来青，匆促未获晤教，至以为憾。昨闻淑珍同志言，贵校已允先生移席山大，喜出望外。数月以来，时与高兰主任谈及中文系课程问题。如“人民口头创作”及“中国文学史”中小说史部分，非先生莫属。昔日报端，时读大著，深为钦佩。年来述作日富，颇快先睹。即盼早日命驾，俾获时聆教益。专此 敬颂 撰祺。陆侃如 冯沅君同上 六月六日

陆侃如、冯沅君致关德栋信札一

陆侃如和冯沅君于北京读书期间相识，于1929年结为伉俪。他们不仅是生活上的好伴侣，更是学术上的好搭档，两人的研究领域正好贯穿了整个中国古代文学史。陆侃如主要侧重先秦和中古文学研究，著有《中古文学系年》《文心雕龙选译》等。冯沅君主要从事近古文学研究，尤以戏曲研究成就最高，著有《张玉田》《古优解》《古剧说汇》《古剧四考》等。二人合作完成了《南戏拾遗》《中国诗史》《中国文学史简编》《中国古典文学简史》等诸多有影响的著作。

一

德栋先生：

沈阳握别，倏逾六载[2]，时以行止为念。今春来青，匆促未获晤教，至以为憾。昨闻淑珍[3]同志言，贵校已允先生移席山大，喜出望外。数月以来，时与高兰主任[4]谈及中文系课程问题。如“人民口头创作”及“中国文学史”中小说史部分，非先生莫属。昔日报端，时读大著，深为钦佩。年来

述作日富，愿快先睹。即盼早日命驾，俾获时聆教益。

专此，敬颂

撰祺

陆侃如　冯沅君　叩上

六月六日

该信未标明年份，信封也遗失。根据信中内容，可以判定信件写作时间为1953年6月6日。1953年暑期，受陆侃如、冯沅君邀请，关德栋调任山东大学中文系教授。此信是关德栋调入山东大学之前，再次收到的陆、冯信件。在基本确定关德栋调入山东大学中文系后，身为山东大学副校长的陆侃如与中文系副主任高兰很快商讨为关德栋即将开始的新工作做出了安排。

关德栋到山东大学工作后，因为专业相近，又有民间文学工作的经验[5]，开设“人民口头创作”课程的重任就落到了他的肩上。通过查询当时山东大学教务处的课程表可知，“人民口头创作”课程，授课教师都是关德栋，课时为一学期。分别为：

1. 1953—1954学年的第二学期，即1954年上半年，授课对象是大一年级，每周3课时，周三、六上课。

2. 1954—1955学年第一学期，即1954年下半年，授课对象为大一大二两个年级，每周3课时，周三、六上课；大四学生，每周二、六上课。

3. 1955—1956学年第一学期，即1955年下半年，授课对象为大一年级，每周的课时安排为讲课2.2，讨论0.8，答疑0.55，周二、六上课。

4. 1955—1956学年第二学期，即1956年上半年，授课对象为大一年级，每周3课时，周二、五上课。

在开设“人民口头创作”课程之后，关德栋同时进行了课程的“生产实习”，带领学生田野采风，进行民间文学资料的搜集整理。1955年暑假，关德栋带领山东大学中文系1953和1954两个年级的20多名同学，深入沂蒙山区的沂水县进行民间文学采风。1956年7月暑假期间，关德栋又带领33名学生到淄博进行“人民口头创作”的生产实习，搜集当地的民间文学作品，实习时间为半个月。这两次“生产实习”结束后，实习小组将采风所得编印为

《人民口头创作实习资料汇编·沂水部分》一册和《人民口头创作实习资料汇编·淄博部分》三册。这两次民间文学采风，使山东大学成为1949年后较早进行民间文学田野调查的高校之一，为日后民间文学和民俗学学科的发展奠定了基础。[6]

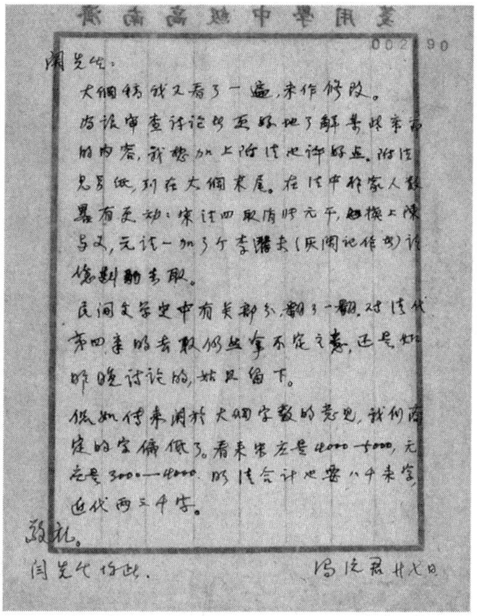

陆侃如、冯沅君致关德栋信札二

1955年6月10日《新山大》报第二版刊登了山东大学各专业的介绍，其中，中国语文系汉语言文学专业“旨在广博的系统的基础知识之上，特别是根据语言文学本身的系统性与基础课程的广阔性，进行专业训练，来培养比较全面发展的人才。……这个专业的培养目标是：汉语言文学研究人才和高等学校及中等学校师资，而以汉语言文学研究人才为主要培养目标”。汉语言文学专业的课程有15种，其中第13种为“人民口头创作”，其课程要求为“运用马克思列宁主义的观点，讲授人民口头创作的基本问题兼及优秀作品”。与之并列的课程还有第12种“文艺学引论”、第14种“中国文学史”、第15种“外国文学”等。

二

关先生：

大纲稿我又看了一遍，未作修改。

为让审查讨论者更好地了解某些章节的内容，我想加上附注也许好点。附注见另纸，列在大纲末尾。在注中作家人数略有更动：宋注四取消张元干，换上陈与义，元注一加了个李潜夫（灰阑记作者）请您斟酌去取。

民间文学史中有关部分，翻了一翻，对清代第四章的去取仍然拿不定主意，还是如昨晚讨论的，姑且留下。

侃如传来关于大纲字数的意见，我们商定的字偏低了。看来宋应是4000—5000，元应是3000—4000，明清合计也要八千来字，近代两三千字。
敬礼。
闫先生均此。

冯沅君　廿七日

该信函未标明年月，信封和信中提到的带有附注的“另纸”也遗失。根据信函讨论“大纲稿”，可知该信的写作时间是编写《中国文学史教学大纲》期间，约为1955年。

1954年下半年，高等教育部指定北京大学游国恩和王瑶、复旦大学刘大杰、山东大学冯沅君、武汉大学刘绶松分段草拟《中国文学史教学大纲》，以作为中国文学史编写的依据。至此，《中国文学史教学大纲》的编写工作正式启动。1955年，中国文学史古典部分各段负责起草学校先后邀请部分高等学校和其他方面的专家进行讨论，取得了初步一致的意见。1956年7月和11月，高等教育部召集两次讨论会，形成定稿。这部《中国文学史教学大纲》于1957年8月由高等教育出版社出版后，高等教育部又组织学者讨论，准备把《中国文学史教学大纲》扩充成书，但由于“反右”运动开始，这个工作只好半途而废[7]。在编写教学大纲的过程中，学者们就文学史编写问题展开了大讨论，在此大背景下，陆侃如、冯沅君写了《关于编写中国文学史的一些问题》（原载《光明日报》1956年11月25日，又载《文史哲》1957年第1期）、《关于中国文学史分期问题的商榷》（《文学研究》1957年第1期，又载《文史哲》1957年第5期）。在《中国文学史稿》改写过程中，也经常和山东大学中国文学史教研组切磋讨论[8]。

关德栋到山东大学中文系之后，继续从事“俗文学”方面的研究，并和冯沅君教授一起承担了“中国文学史”课程（宋元明清部分）的教学工作，并参与了《中国文学史教学大纲》的编写。

经查询当时山东大学教务处的课程表，“中国文学史”课程的安排如下：

1. 1954—1955学年第一学期，即1954年下半年，授课教授为冯沅君、关德栋，每周5课时，周一、四、六上课，大四学生。

1954—1955学年第二学期，即1955年上半年，授课教师为冯沅君、关德栋，每周4课时，实习、练习、课堂讨论1课时，答疑1课时。周二、三、五上课，大四学生。

2. 1955—1956学年第一学期，即1955年下半年，授课教师为冯沅君、关德栋，每周5课时，讨论1课时，周一、三、五上课，大三、大四学生。

1955—1956学年第二学期，即1956年上半年，授课教师为冯沅君、关德栋，每周5课时，讨论1课时，周一、三、五上课，大三、大四学生。

3. 1956—1957学年第一学期即1956年下半年，授课教师为关德栋，每周课程5课时，讨论1课时，每周一、二、五上课，大三学生。

同时，关德栋受冯沅君之邀作为导师共同指导留校助教。冯先生制订了非常细致具体的进修规划，刊登在山东大学校刊上，作为典范，供其他教研室制订青年教师培养计划作参考。[9]遗憾的是，刚刚开始导读王国维《宋元戏曲史》，第一章还没有读完，受1954年纪念洪昇《长生殿》事件影响[10]，培养计划没有实现。

注释：

[1]关德栋(1920.07.17—2005.04.28)，北京人，满族。1939年考入北京大学中国语言文学系。大学毕业后曾任上海无锡国学专修学校教授、东方学编译社编辑、沈阳博物院满文老档编译组组长、耕耘出版社编辑。1950年，赴兰州大学工作，先后任少数民族语文系讲师、副教授。之后历任《历史教学》月刊社执行编委、福建师范学院和福州大学中文系教授兼系主任。1953年，受著名学者冯沅君邀请，调任山东大学中文系教授。关德栋是著名的俗文学专家、敦煌学家和满学专家，著有《曲艺论集》《聊斋俚曲选》《聊斋志异话本集》《贯凫西木皮词校注》(合著)、《子弟书丛钞》(合编)等。

[2]抗战胜利后，陆侃如、冯沅君随东北大学复校到沈阳(1946—1947夏)，任教授。1947年，关德栋在沈阳故宫博物院任满文老档翻译组组长。

[3]阎淑珍(1926.05.06—2018.02.23)，山东黄县人，关德栋夫人。1951年毕业于山东大学动物学系，留校任助教。历任讲师、副教授、教授，曾任著名生物学家童第周教授和叶毓芬教授的助教。

[4]高兰(1909.10.11—1987.06.29),原名郭德浩,笔名有黑沙、郭浩、浩、齐云等,祖籍黑龙江瑷珲,生于辽宁锦州。1932年毕业于燕京大学。1938年参加中华全国文艺界抗敌协会。1947年任沈阳《东北民报》文艺周刊编辑,次年去长春大学中文系任教。1949年后,历任华东大学中文系、山东大学中文系副主任、主任、教授。1951年参加中国民主同盟会,历任山东省文联副主席、山东作协副主席。其代表作有《高兰朗诵诗》《高兰朗诵诗集》《高兰朗诵诗新辑》《高兰朗诵诗选》《诗的朗诵与朗诵的诗》《抗战时期黑土作家丛书·高兰集》和论文集《李后主评传》等。

[5]在执教山东大学之前,关德栋已有丰富的民间文学调查经验。1950年春,他随西北军政委员会教育部派往兰州大学的军代表到该校工作,任教于"少数民族语文系"。除讲授一些"民族史"和"民族政策"的知识外,在赵景深先生的鼓励和指导下,他搜集整理了维吾尔族、哈萨克族、锡伯族、蒙古族四个民族的民歌,和维吾尔族、哈萨克族、塔塔尔族、柯尔克孜族、乌孜别克族、蒙古族等民族的民间故事,结集为《新疆民歌民谭集》,由上海北新书局出版(1950)。同时,对当地民歌也进行了搜集整理工作,编成了《甘肃青海民歌集》。《甘肃青海民歌集》分为"甘肃民歌""青海民歌""西藏民歌"和"兰州鼓子"四部分,基本涵盖了当地最有特色的民歌形式。其中"甘肃民歌""青海民歌"除了歌词外,还附有曲调。《甘肃青海民歌集》请郑振铎先生题写了书名,赵景深先生为之作序,本拟由北新书局出版,后由于出版社调整而搁置。

[6]关于这两次民间文学调查的情况,可参见车振华:《20世纪50年代山东大学"人民口头创作"课程的教学与"生产实习"》,《民俗研究》2019年第6期。

[7]参见李舜臣、吴光正:《〈中国文学史教学大纲〉的产生及其影响》,《文学遗产》2009年第1期。吴光正、罗媛主编:《中国文学史学术档案》,武汉大学出版社2014年版。

[8]参见陆侃如、冯沅君:《中国文学史稿》中"前记""后记",《文史哲》1954年第7—12期、1955年第1—12期。

[9]《中文系文学史教研组本学期助教培养计划》,刊载1953年10月17

日《新山大》第二版。

[10]1954年3月21日山东大学中文系中国文学史教研组举办“洪昇二百五十周年暨吴敬梓二百周年纪念报告会”，会上受冯沅君委托关德栋作了“洪昇与《长生殿》的报告”。另参见刘光裕:《吾师关德栋教授》,《粤海风》2017年第3期；陈宛希:《1954—1956年间的〈长生殿〉讨论：爱情主题说及其批判》,《重庆师范大学学报》(哲学社会科学版)2012年第5期。

（作者单位：山东社会科学院文化研究所、山东大学图书馆）

戴老师成就卓著，但他总说自己是“先飞”的“笨鸟”，并在随身携带的笔记本第一页上写上“勤能补拙”。

七十载春秋易，民族语寄深情

——写在戴庆厦先生从事民族语言研究70周年之际

刘　岩

中央民族大学的校园里，经常可以看见一位老先生骑着一辆自行车，路上不断有人亲切地跟他打招呼，而他都会笑盈盈地认真回应，时而还停下来，用一条腿支在地上，跟人聊一会儿。大家都知道，用这个姿势是因为他有风湿性关节炎，自行车可以帮助他减轻膝盖的压力。他已86岁仍然骑自行车去办公室或教室上课，每日忙着改文章、忙着给学生上课、忙着思考下一个讲座，完全不把自己的腿疾和年龄当回事。这就是我的导师、中国著名语言学家戴庆厦先生。尽管很多人尊称他为戴先生，但是他更喜欢别人叫他“戴老师”。

戴庆厦老师曾任中央民族大学中国少数民族语言文学学院院长，兼任国务院学位委员会学科组成员、国家社科基金评审组成员、中国语言学会副会长、中国民族语言学会副会长等众多职务。他潜心于少数民族语言文字研究已近70年，著述宏富，为中国语言学和民族语言学发展作出了重大贡献，先后被36所高校聘为客座教授，是美国语言学会终身荣誉会员、泰国清莱皇家大学荣誉博士。由于其学术造诣和对民族教育的突出贡献，他被评为北京市教学名师和国家民委“突出贡献专家”。先生现今虽已届耄耋之年，仍然笔耕不辍，出版了多种著作，提出新的观点；依旧醉心田野调查，带领学生不断探索着新的问题。

名家介绍

一、唯有热爱，可抵岁月悠长

上一代知识分子的人生追求，是与新中国发展的需要紧密联系在一起的。新中国建立初期，国家为了帮助少数民族发展本族语言文字和文化教育事业，在中央民族学院设立了少数民族语文专业，并规定“语文系招收高中毕业以上的志愿作少数民族工作的汉民族学生以及有相当学历的少数民族学生”。但当时还很少有少数民族参加高考的学生，所以1951年招生主要是从各大学在读大学生中动员一批汉族青年来学习少数民族语言，1952年才首次向高中毕业生招生，这次招了180名，大多数是汉族学生。刚刚从福建仙游高中毕业的戴庆厦就被录取了。17岁的他对“民族”一点概念也没有，甚至填表的时候连自己是什么民族成分也不知道。但是，“服务祖国”的信念和对首都北京的向往，使这个风华正茂、有点激动又有点茫然的少年，义无反顾地踏上了北上之路，也踏上了少数民族语言研究的征程。

大学生活新奇而又紧张，求知欲很强的戴庆厦每次上课都早早地去抢头几排位置，生怕坐在后面听不清楚。当时给他们上课的都是来自北京大学和中国科学院语言所的教授，可谓大家云集。其中对戴老师影响至深的有几门课程：中国著名语言学家高名凯先生的“普通语言学”课，将这批对语言学一无所知的青年学子引进了语言学大门，初步了解到人类语言的奥妙；吕叔湘先生的“汉语语法”课，把一些日常例句分析出深奥的道理，使他们直接体会到了语言的科学性、可分析性。而“语音学”这门课程的主要内容，也先后由时任系主任的马学良先生和北京大学的袁家骅先生、社会科学院的傅懋勣先生讲授和实践了三遍。这些著名学者们睿智的谈吐、儒雅的气质和对博大精深的语言学原理的精辟讲解，对懵懂的青年学子甚有吸引力。而当时的这种课程安排，不仅使那一代民族语言工作者在随后的社会实践中直接受益，也形成了民族语研究重视国际音标听音记音基本功训练、重视语言事实、重视语言调查实践的传统，而这个传统在中央民族大学和民族语言研究领域中一直保持至今。

戴老师对民族语言的研究最初是从学习景颇语入手的。当时系里让学生从所设的16个少数民族语言方向中自愿报名选择，最后由学校定。他只写了“服从分配”，就被分在了景颇语班。学校找来了三位云南边境上的景颇族母语人给他们教日常口语，还给他们配了一名汉族辅导员。四位老师给他们编了临时教材，用英文打字机打字印出（景颇文是拉丁字母形式），上课时由老师一句句地带读，景颇族老师汉语不好，辅导员老师景颇语也不怎么会，所以上课时若遇到不理解的地方，大家就一起讨论、分析。在这样的理论分析和感性接触中，他很快就爱上了景颇语，从此与之相伴一生，不离不弃，无怨无悔。

1956年他大学刚毕业时，正好遇上国家要开展“中国少数民族社会历史调查”活动。这是中国历史上第一次有组织、有计划地对全国少数民族社会历史状况进行科学调查。那个时候，大多数民族没有自己的文字，有些民族还过着“刻木记事、计豆数数”的日子。国家对我国少数民族语言文字的状况了解得也很不清楚，连我国究竟有多少种语言，语言的特点是什么，分布情况如何，文字使用状况如何等基本情况都不清楚。所以，迅速调查我国少数民族语言文字状况、解决他们的语言文字使用问题，已经成为一个亟待解决的社会任务。党中央、国务院对此项工作十分重视，共组织了700多人分为7个工作队分赴全国各地调查少数民族语言。

戴老师参与了这次大调查的全过程，在中国科学院少数民族语言调查第三工作队工作了四年，他说那是他一生中最有意义的一段社会实践。一开始分组时，由于哈尼语组缺人，他再次服从分配，没有进景颇语组而是进了哈尼语组，由此又使他与哈尼语结缘。新中国成立初期的边境地区还不安全，他们在调查的同时还要背枪，在与哈尼族老乡“同吃、同住、同劳动”中，与其建立了深厚的感情。他在“三同”中学习和研究哈尼语，既做本体研究，又做语言功能研究。他人生中发表的第一篇与少数民族语言有关的论文《谈谈松紧元音》就是这一段时间写的。这篇文章在罗季光和马学良先生的鼓励下投了稿，那时由于通讯不发达，往北京投出去很久都没有消息。有一天，他在西双版纳勐海做语言调查时，偶然在勐海的一个很小的新华书店里，看到一本《少数民族语文论集调查》（1958），里面刊登了他的这篇论文，他高兴得几乎跳了起来，那时他大学毕业才两年。对罗季光和马学良两位先生的鼓励和帮助，戴老师一直心怀感恩。那四年间，背着“一支笔、一个本、一杆枪”，白天学习、晚上站岗，他调查了哈尼语、彝语、景颇语、德昂语、嘎卓语，面对纷繁多样的语言表现，他深深感到自己就像是遇到了一个金矿，而且坚信田野调查可以为语言研究提供真实可靠的一手材料。“田野调查”的路子，他坚持了几十年，也有助于之后的民族语言学界形成“重田野”的传统。

早期的语言学训练和调查实践，使戴老师深深地迷恋上了少数民族语言研究，其纷繁复杂的语言现象和系统精妙的结构规则，使得他70年如一日探幽揽胜于其中而乐此不疲。近70年来，他常思考民族语言中的新问题和后续人才的培养，每天都过得很充实，自然而然地就有超强的“无龄感”。

二、老骥伏枥，依旧志在千里

跟戴老师谈到这么多年的研究和教学工作时，他用得频率最高的词就是“不知不觉”和“抓紧”。他太忙了，忙得没有时间老。

80岁以后，他更加才思泉涌，把多年的思考和积攒的资料，一个专题一个专题地整理和总结出来。80岁那年发表了15篇文章，出版了自己的系列合辑之《戴庆厦文集》（第六卷），还合作主编了《语言类型学的基本方法与理论框架》一书；81岁发表了12篇文章，合著《哈萨克斯坦维吾尔族及其语言》一书；82岁发表了13篇文章，主编了《语言国情调查概论》一书；83岁发表了4篇文章，合著《老挝普内语研究》一书；84岁发表了9篇文章，并与师母徐悉艰研究员等合著出版《中缅跨境景颇族语言研究》《景颇语词汇学》两书；85岁发表了9篇文章，出版了《戴庆厦自选集》，合作主编《民族语文文字应用研究》（第一辑）。先生在高龄依旧高质高产，此“三高”在业内实属少有。

学生们知道戴老师是退休以后才学会的电脑，这些文章都是他一个字一个字敲出来的，因而对他的创造力和写作速度佩服得无以复加，问他怎样才能成为这样的“快手”。他笑眯眯地说：“这是我常年的思考啊！问题和答案早就在我脑子里成形了！我要抓紧时间写出来。你们年轻，可以慢慢积攒，但是要时时关注、不断思考，坚持几十年你们也是‘快手’了！”

“85后”戴老师说：“我现在身体和思维还可以，总想要抓紧时间多做一点事，留给后人参考。”他近几年有好几个“小目标”：《戴庆厦文集》现在已经出到第七卷了，他鞭策自己多写文章，争取每两三年出一卷；他现在正在写《景颇族支系语言研究》。因为中国少数民族语言的支系情况很复杂，是语言学中还没有研究好的课题。他想从景颇族支系语言入手，对其关系、特点和发展趋势作一些描写和归纳。他还想写一部《藏缅语专题研究》，因为近几年他一直在给博士生上这门课，如果写出来，对藏缅语研究和人才培养都是有用的。他已经想好了书的结构安排：不按照概论的模式写，按照专题写，如系属问题、松紧元音、清浊声母、复辅音、语法的使动范畴、联动结构、亲属语言词汇比较等。另外，他想继续他的跨境语言调查。前些年他多次去老挝、缅甸、泰国调查跨境语言，这两年被疫情打断了，他有些遗憾地说：“以后再去难度会更大了，但是这里面有很多非常有趣的语言问题，很有搞头。”

三、鼓瑟鸣琴，还需笙磬同音

戴老师办公桌上总放着一本很旧的褐色笔记本，封面是皮质的，上面依稀可见镀金的“学习”两个繁体字，里面是戴老师多年前的笔记，纸都有些发黄了。戴老师工作累了，就拿过来翻一翻，再放回去。这个本子是师母徐悉艰在他刚刚毕业时送他的，那时他还舍不得买这个皮质的本子，师母就在他去云南调查前买了送给他。这个本子陪伴了戴老师60多年，而这个潜意识下形成的习惯性动作已经成为戴老师休息一下、换换脑子的一种方式。

师母徐悉艰是中国社会科学院的研究员，也是景颇语、载瓦语专家。她个子不高，皮肤白皙，身材虽瘦小却精力很好，总是忙忙碌碌地停不下来，又忙家里又忙工作，是集善良贤惠和独立知性为一体的新中国女知识分子。徐老师出生于上海的一个高知家庭，父亲毕业于同济大学，早年留学德国，抗日战争时期在西南联大任过教，新中国成立后，在一机部研究院任工程师，是中国数一数二的热处理专家。家庭的熏陶使她从小就对科学研究心驰神往，并为之栉风沐雨终不悔。她和戴老师是同班同学，他们一起参加20世纪50年代的大调查，一起在情况复杂的边境地区跟少数民族一起生活，学习景颇语和载瓦语。她懂一些医疗知识，负责给班里同学发放防疟疾的药品，还给老乡治些小病，如发烧、头疼等。那个时候，边境上的民族对新中国的政治情况很不了解，她就经常背着箩筐，去村子里跟景颇族老乡主动聊天，一边记录景颇族社会历史文化的语篇材料、民间故事，一边宣传党的各项政策。所以到现在她的景颇语仍然十分流利，经常在家里跟戴老师用景颇语对话。他俩合著的《景颇语语法》《景颇语词汇学》《中国少数民族文化史·景颇族》等书，跟岳相昆、肖家成等合作编著的《汉景词典》《景汉词典》等，成为景颇语研究最权威的资料。

徐老师对戴老师永远是默默支持，事无巨细，照顾周到。戴老师生活上比较粗心，徐老师就每天在他去办公室时，给他带上洗好的水果，让他跟学生们一起享用；每次外出调查的行李都由她整理，所带东西有用又高效；语言资料整理中，凡是经过她手的，戴老师都不担心遗漏。

她是最懂戴老师的人。戴老师的腿经常疼，这让他行走不便，却没能阻止他做语言调查。2018年我和二老一起去德昂族寨子里调查，戴老师晚上腿疼，徐老师每天给他做艾灸。徐老师去时带上了孩子从德国买的可以伸缩的拐棍，但是戴老师不喜欢拄，说不好看。在我们的坚持下，他拄了几天，一回北京又换回了他的自行车。戴老师应该是我所见过的年纪最大的还在骑自行车的人了。他之所以能一直保持良好的学术状态，也是因为他有一颗年轻的心。我看见一种专为老年人设计的电动车，操作简单又安全，想买给他，他坚决不要，我又跟徐老师商量，徐老师笑得眼睛眯成一条线，用那种上海人特有的短促干脆风格的普通话说："谢谢你啊，但是不用了，他需要活动活动膝盖，另外，他可能是觉得开那个显得有点老。"

戴老师醉心学术，平和谦逊；徐老师开朗乐观，善解人意。他们有一个共同的特点：都有一颗纯真的心。前些年，戴老师学会了一个新词"正能量"，他觉得这个词很好，就经常在鼓励那些写论文受挫沮丧的学生们时，用"我来给你一点正能量吧"开头。微信普及后，弟子们建了一个戴门弟子微信群，群里经常会传来好消息，某某评上教授、副教授了，某某文章发表了，某某得奖了。大家有什么好事都爱往戴门群里发，因为大家都知道老师一定会眼睛亮亮地说：“快快告诉大家，这是正能量！”最近几年，戴老师的头发反而比以前有点黑了，大家夸他，他很自豪地说：“这都是徐老师每天给我按她的秘方喝的：牛奶加黑芝麻或者牛奶加咖啡，你们也去这么喝，啊！”那个“啊”字要重重地拖个音。戴老师喜欢照相，全国各地的朋友和学生们来看他和徐老师，他都高高兴兴地跟大家合影留念，还常说：“我最近有点胖了，要用手遮着点肚子；悉艰你不要眨眼睛啊！”徐老师就清脆地答道：“好，我注意着呢。”

戴老师和师母不仅是学生们的学术导师，也是大家生活中“神仙眷侣”的模板。他们在生活上同甘共苦，相濡以沫；在事业上珠联璧合，比翼齐飞。同声若鼓瑟，合韵似鸣琴，早已成为语言学界一代佳话。

戴老师成就卓著，但他总说自己是“先飞”的“笨鸟”，并在随身携带的笔记本第一页上写上“勤能补拙”。70年来，他一直沉浸于少数民族语言研究中，不为名不为利，始终脚踏实地、坚守本业，在田野中记录点滴，在青灯下孜孜钻研。每到一个十字路口，他都“服从分配”，国家的需要就是他的研究方向；遇到艰难险阻，他也能坦然接受，善良、乐观和热爱使他终能守得云开见日出。他推动了民族语言研究和教育事业的发展，不仅揭示了景颇语、藏缅语共时、历史的规律，还提出并实践了跨境语言、语言国情、分析性语言等课题研究。他成为“85后”仍在不断开拓创新、砥砺前行。其学业之专精、学术之影响、做人之谦逊、家庭之和睦，使得后辈们常常感慨：“理想中的人生大抵就是这样了！”

我有幸作为戴老师的研究生追随先生学习民族语言学6年之久，之后又一直同事至今，已有30年了。30年间，戴老师一直是我人生道路上的引路人。戴老师和师母徐悉艰之于我，是师长、是家人，又是朋友，回首感怀，幸甚至哉！2022年是先生从事民族语言研究70周年，慨乎言之，是以为记。

（作者单位：中央民族大学世界民族学人类学研究中心）